60分でわかる！

THE BEGINNER'S GUIDE TO
BEHAVIORAL ECONOMICS

行動経済学

BEHAVIORAL
ECONOMICS

超入門

やさしいビジネススクール学長　**中川功一**　[著] KOICHI NAKAGAWA

JN213237

技術評論社

経済学の進化における
行動経済学の位置づけ

社会をよくしたい、豊かにしたいという思いから、「重商主義」を起点に経済学の探求が始まりました。その過程で数学が導入され、学問として確立されていきます。経済システム全体がどうあるべきかを考える、「マルクス経済学」や「マクロ経済学」がその後相次いで誕生しました。

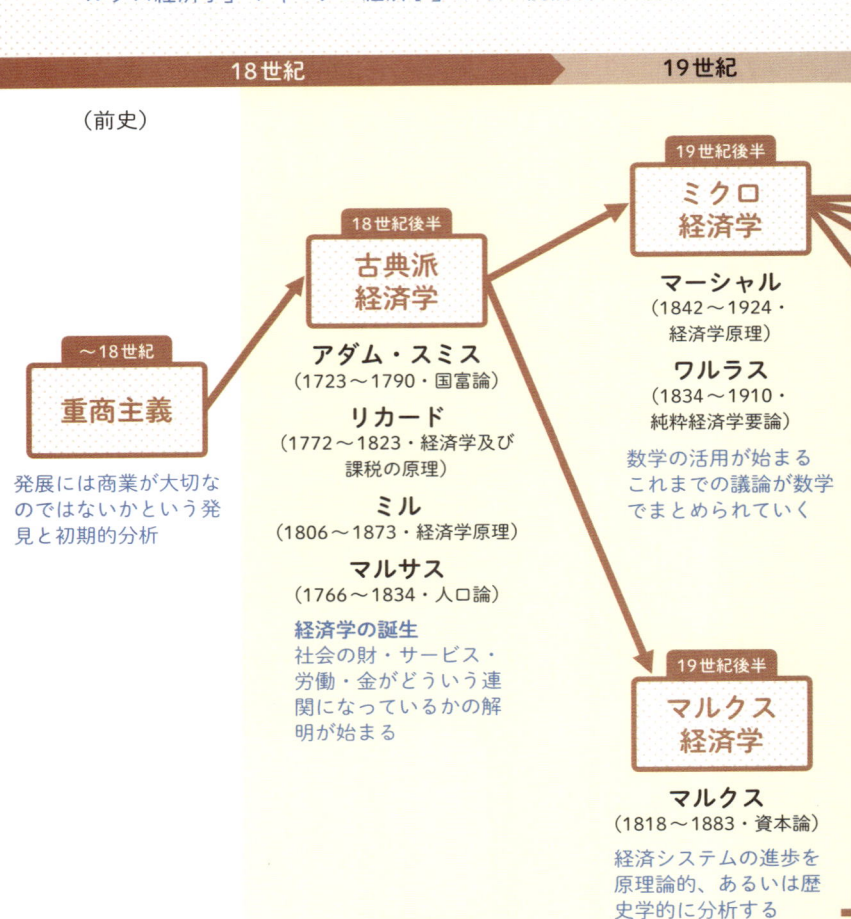

18世紀　　　　　　　　　　　　　　**19世紀**

（前史）

～18世紀
重商主義

発展には商業が大切なのではないかという発見と初期的分析

18世紀後半
古典派経済学

アダム・スミス
（1723〜1790・国富論）

リカード
（1772〜1823・経済学及び課税の原理）

ミル
（1806〜1873・経済学原理）

マルサス
（1766〜1834・人口論）

経済学の誕生
社会の財・サービス・労働・金がどういう連関になっているかの解明が始まる

19世紀後半
ミクロ経済学

マーシャル
（1842〜1924・経済学原理）

ワルラス
（1834〜1910・純粋経済学要論）

数学の活用が始まるこれまでの議論が数学でまとめられていく

19世紀後半
マルクス経済学

マルクス
（1818〜1883・資本論）

経済システムの進歩を原理論的、あるいは歴史学的に分析する

20世紀半ばからは経済学の世界でもコンピュータの活用が進み、データ分析によってこれまでの議論の実証が行われるようになります。「計量経済学」の始まりです。しかし、理論モデルの探求や、数量データの分析のなかでは、一貫して人の感情、心が軽視されてきました。それを補うものとして、20世紀後半になって心理学を取り入れた経済学、すなわち「行動経済学」が誕生したのです。

| 20世紀 | 21世紀 |

（ゲーム理論や契約理論の導入）

20世紀半ば
計量経済学

レオンチェフ
（1905～1999・
ノーベル経済学賞受賞）

統計学が導入され、実証的な研究が活発になる

20世紀初頭
マクロ経済学

ケインズ
（1883～1946・マクロ経済学）

国家という視座から全体（マクロ）を俯瞰する新しいタイプの経済学の登場

20世紀後半
行動経済学

カーネマン
（➡ 141 ページ）

心理学が導入され、数学・統計学で見落とされていた人の心の分析が開始される

Contents

Part 1

ビジネスを成功に導く
マーケティングに使える行動経済学 …………… 9

Part 6

処方を知って正しく使う
行動経済学のキホンと使い方 ………………… 135

Part

1

ビジネスを成功に導く

マーケティングに使える
行動経済学

プロスペクト理論 # 参照点

1万円のハンバーガー、
あなたなら食べてみたい?

● ものが高い、安いという感覚はどこからくる?

　1万円のハンバーガーが話題になったことがあります。ブランド牛のステーキなら納得できますが、ハンバーガーとしてはとんでもない値段。だからこそ注目が集まり、「食べてみたい」と思う人も出てきました。私たちは、このように**相場や妥当な値段といった基準を頭の中に持っていて、物事を判断しています**。例えば同じ100万円の値段でも、車なら安く、バイクなら高く感じます。車は300万円ぐらい、バイクは数十万円ぐらい、という**相場感があるため**です。この相場感のことを「**参照点**」と呼びます。

● 経験から、ものの値段の目処をつけている

　人は本来、価値がわからないはずのものに対しても、**経験的に「これならいくらぐらいだろう」と目処をつけます**。この心理は行動経済学の核となる「プロスペクト理論」で説明されています。ダニエル・カーネマンとエイモス・トベルスキーが提唱したもので、カーネマンはこの業績で2002年にノーベル経済学賞を受賞しました。

　参照点は商品のマーケティングにおいて役立ちます。例えば、世の中にはじめて完全自動運転サービスを公表するとしましょう。このとき利用者は、経路と時間が決まっていて相乗りするならバスととらえ、料金は数百円が妥当と考えます。個人が目的地と時間を自由に選べるならタクシーと比べ、数千円を払ってもかまわないと考えます。このように、参照点は消費行動の決め手になります。ビジネスが成功するかどうかの鍵になるでしょう。

● 同じ値段でも納得度が違う

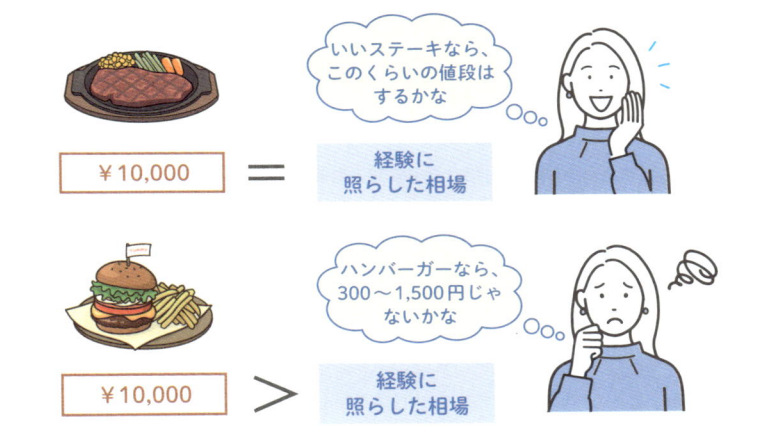

￥10,000 ＝ 経験に照らした相場

いいステーキなら、このくらいの値段はするかな

￥10,000 ＞ 経験に照らした相場

ハンバーガーなら、300〜1,500円じゃないかな

● 経験から未知の価値を計っている

完全自動運転サービス

・経路と時間が決まっている
・相乗りする

＝バス？

参照点は数百円

・目的地と時間を自由に選べる
・個人で乗る

＝タクシー？

参照点は数千円

まとめ	☐ 人は経験的に培われた「参照点」と比べて商品が高いか、安いか判断している ☐ 新商品のマーケティングでは、同カテゴリの商品の参照点に基づいて値段を決めるのが大事

#プロスペクト理論　#価値関数

失う10万円のほうが、
もらえる10万円より価値が高い

▶ 状況によって価値が変わって感じられる

　仕事がうまくいき、ボーナス20万円のところ30万円もらえることになりました。ちょっとうれしいですよね。一方、赤字が出たので、例年20万円のところ10万円になってしまった。これは非常にショックです。**10万円余計にもらえるときの喜びに比べ、がっかり度は相当に大きい**はずです。同じ10万円なのに、得をするときと損をするときで、価値が異なって感じられるのはなぜでしょうか。

▶ 少しの損失に、大きな不満を感じてしまう

　前節のプロスペクト理論・参照点がまたも登場します。人は実際の価値が参照点を上回ったか、下回ったかによって損得を判断します。ここで重要なのが、**得をしたときと損をしたときでは、同じ金額でも感じ方が大きく違う**ことです。得をしたときの満足度は利益の増加と比べてそれほど上がりません。一方、損をしたときには少しの損失でも大きな不満を感じてしまうのです。

　身近な例で説明してみましょう。スマホの割引価格を見て買いに行ったとします。付帯サービス加入が条件で高くなったら、たった1,000円の損でもすごく悔しいですよね。逆に、思いがけず当日限り1,000円値引きで得をしても、ちょっとラッキーな程度でしょう。ほかにも、カリスマ美容師に髪をカットしてもらったとします。いい仕上がりなら当然と感じるだけですが、気に入らないと「カリスマなのに…」と大きな不満を感じます。期待値（参照点）が高いと、心理的には逆効果になることもあるわけです。

● 同じ価格でも損と得で感じ方が違う

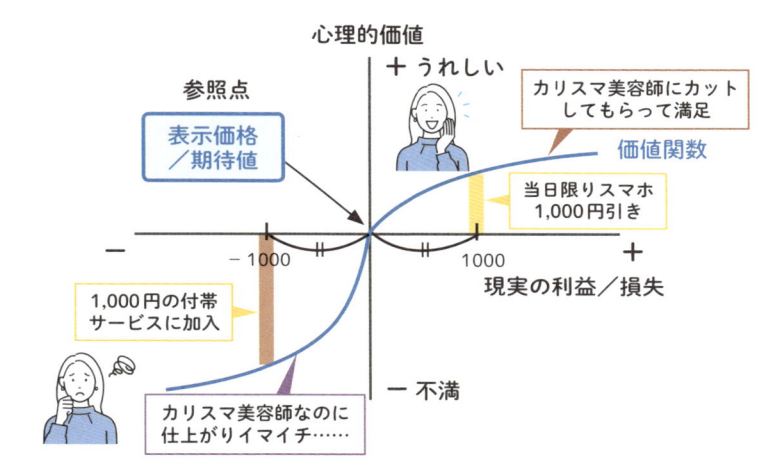

● 損も得も増えるとだんだん感覚が鈍くなる

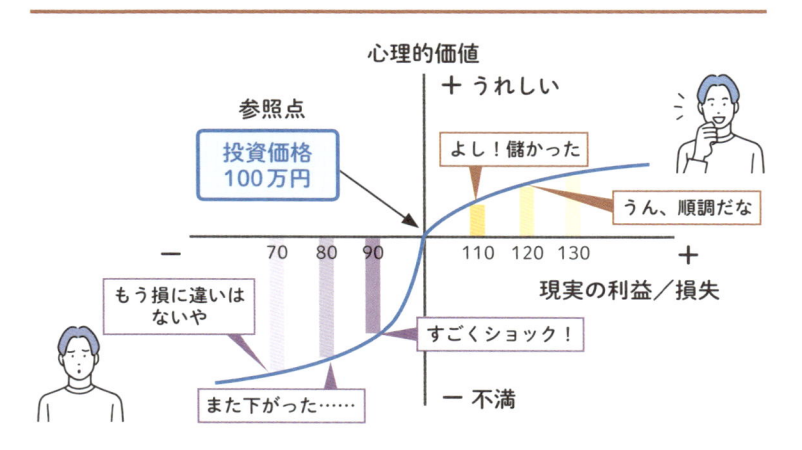

まとめ	□ 人は参照点と比べて損得を判断し、満足、あるいは不満を感じる
	□ 損は実際に生じた損失よりも大きく感じられ、強い不満を抱いてしまう

アンケートではつい「どちらかといえば～」を選んでしまう

▶ 人はどっちつかずの選択をしてしまいがち

　5段階評価のアンケートに答えるとき、きっぱりと「よい」「わるい」を選べばいいのに、なぜか「どちらかといえばよい」「どちらかといえばわるい」の項目にマルをつけてしまいませんか？　**白黒はっきり決めるのを避ける、ほどほどの中間を選ぶ**この心理は、行動経済学で「極端の回避性」と表現されています。実証実験でも明らかになっている心理です。

▶ 極端なものを警戒する心理

　よく知られている例が、お寿司や鰻のメニューの松・竹・梅。だいたいの人は真ん中の「竹」を選びます。一番安いものは「品質がよくないのでは」と感じ、一番高いものは「そこまでは出せない」と最初から選択対象外に感じます。そして、**極端の２つを排除して真ん中の商品を選ぶ**わけです。

　こうしたやり方は昔からビジネスで使われてきました。本当に売りたい商品以外に、より高価な商品とワンランク下の商品を用意すれば、売りたい商品は一番よく売れ、あわよくば高い商品を買ってもらうことができます。携帯通信サービスの料金プランなら、「大容量プラン」と「標準プラン」の2択より、さらに上の「超大容量プラン」を追加して3択にすれば、ほとんどの人はサービス側が売りたい「大容量プラン」を選択するようになるのです。消費者の立場では、売り手の戦略に誘導されないよう、それぞれの商品の質と価格をじっくりと考えてみることです。

◉ つい「どちらかといえば～」を選ぶ

お客様アンケート				
サービスの質は?				
よい	どちらかといえばよい	ふつう	どちらかといえばわるい	わるい
料理の味は?				
よい	どちらかといえばよい	ふつう	どちらかといえばわるい	わるい
盛り付けは?				
よい	どちらかといえばよい	ふつう	どちらかといえばわるい	わるい
店内の雰囲気は?				
よい	どちらかといえばよい	ふつう	どちらかといえばわるい	わるい
人におすすめしますか?				
はい	どちらかといえばはい	ふつう	どちらかといえばいいえ	いいえ

満点というわけ
じゃないし

はっきりダメとは
いいにくい

◉ 松・竹・梅なら竹コースが安心

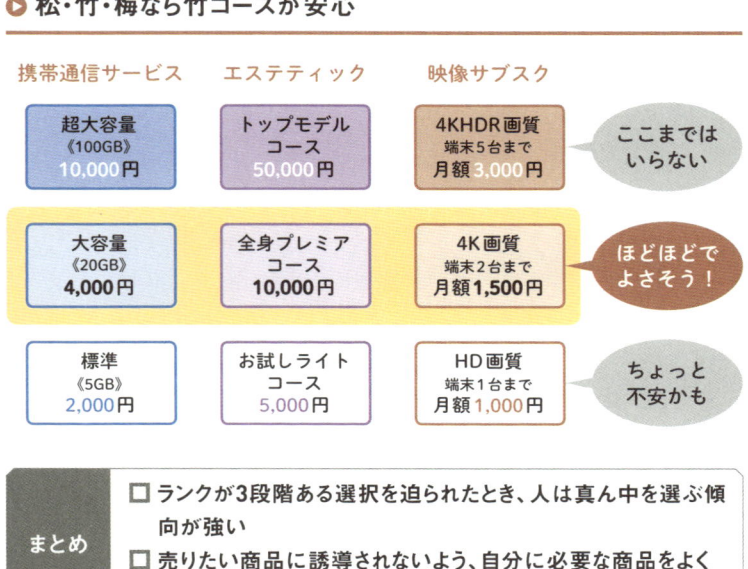

携帯通信サービス	エステティック	映像サブスク
超大容量《100GB》10,000円	トップモデルコース 50,000円	4KHDR画質 端末5台まで 月額3,000円	ここまでは いらない
大容量《20GB》4,000円	全身プレミアコース 10,000円	4K画質 端末2台まで 月額1,500円	ほどほどで よさそう!
標準《5GB》2,000円	お試しライトコース 5,000円	HD画質 端末1台まで 月額1,000円	ちょっと 不安かも

まとめ

☐ ランクが3段階ある選択を迫られたとき、人は真ん中を選ぶ傾
向が強い

☐ 売りたい商品に誘導されないよう、自分に必要な商品をよく
考えることが大切

無料効果

送料をタダにするためなら、5,000円の追加出費もいとわない

▶「送料無料」も通販業者の戦略

すっかり一般的になったネット通販。「1万円以上購入で送料無料」などとあると、欲しいものは5,000円分なのに、やっきになってあと5,000円分を埋めようとします。無理して買った商品が届いて「やっぱりいらなかった」と後悔することも多いのではないでしょうか。より多く買わせようというショップの戦略に、まんまとのせられてしまっているのです。

▶たとえ1円であっても、金銭を失う痛みは大きい

「無料」は、人の心理において大きなインパクトとなります。ショップ限定のエコバッグ（1,200円相当）が1円で買える場合と、会員登録すれば無料でもらえる場合を考えてみましょう。多くの人は個人情報を渡しても無料を選ぶでしょう。たとえ1円といえども、必要のないお金を払うのはイヤだからです。これは「**出費の痛み**」という心理で、客集めの手段に昔から活用されてきました。

最近なら、サブスクリプションサービスでよく使われていますね。映像などの配信サービスでは、最初の1カ月間は無料という場合があります。お試しのつもりで契約したが、解約が面倒になって料金を払い続けているというのもよくある話です。TVショッピングで「2つ買えば3つめは無料」といわれても、必要なのは1つなのではないでしょうか。本当に得をするのか、それとも無駄な出費を招くのか。「無料」のふれこみに飛び付かず、冷静に得失を考えてから決断するようにしましょう。

● 無料のためにムダな買い物してしまう

SALE

5000円
お買い上げで
送料無料!

デザインTシャツ
1枚2,000円

欲しいシャツは2枚だけ
ど……、あと1枚買えば
送料が無料になる!

やっぱりこれ
着ないな

4,000円のはずが合計6,000円

● 避けられる出費はできれば避けたい

OPEN
記念
《1,200円相当》

個人情報を登録して
会員になれば
無料!

もらえるなら
ほしい

オリジナル
エコバッグ特価1円

ほんとうに
おトク?

FIREをめざす人のための
不動産投資セミナー
参加費:5,000円

事前に個人情報を
登録しておけば
無料!

まとめ	☐ 人には出費を回避しようという強い心理があり、無料という言葉は消費行動において大きなインパクトとなる ☐ 無料に釣られたときは、本当に得をするのか考えることが大切

あのカフェに人が群がるのは
「なんとなくいい感じ」だから

● 人魚のロゴのカフェはなぜ人気?

　カフェにもいろいろありますが、人魚のロゴのカフェはいつでも人でいっぱいです。店のたたずまいも商品のネーミングも、いかにもおしゃれでゆったりとした時間を過ごせそうな気がします。実際は混んでいて落ち着かないときもありますが、それでもファンはよそに行くという選択はあまりしないでしょう。このカフェチェーンのブランド力は他社に比べ圧倒的に強いのです。

● 好き嫌いを決めるとき、脳は働いていない

　商品やサービスが成功するには、人に好かれる必要があります。ポイントは、「パッと見て」「感覚的に」いいなと思われること。なぜなら、**人はもののよし悪しを判断するとき、論理的に思考していない**からです。これは「受動意識仮説」という、比較的新しい学説によって説明できます。人の意思は主体的なものでなく、いわば反射的な反応だというのです。意思と運動神経の関係を調べる実験では、人が指を曲げるとき、意識する前に指が曲がり始めることが明らかになっています。例えばショーウィンドウの洋服に惹かれたとします。値段は高いけど、シンプルで長く使えそうなデザインだし……と、思い切って購入。いかにも熟考しているようですが、そんなことはありません。「好き」という感覚がまずあって、後から理由を補っているに過ぎないのです。このことから、商品デザインなどを決定するときは、理論だけでなく直感も大切。直感的にダメと思ったものは失敗する確率が高くなります。

◐ 好き嫌いを決めるのは直感

◐ 直感を裏づける理由を後付けしている

これが
いい！

後付けの理由
ボーダーのTシャツはまだ持っていないから
生地がしっかりしていて長持ちしそうだから

これを
買おう！

パンツを買いにきたけど…

後付けの理由
持っているパーカーはもう5年も前のものだから
20％引きになっていてお買い得だから

| まとめ | ☐ 人の意思は、主体的な思考の結果ではなく、感覚的な好悪で決められていることもある |
| | ☐ とくに商品デザインなどは、理論だけでなく直感も大切 |

1時間も並んでチュロスを買う

● 行列には並んでみたくなる

　甘いものは大して好きじゃないのに、チュロスが流行っていると聞けば1時間並んででも買いたくなってしまう。世の中には、常に流行＝トレンドが存在します。とくに日本人は敏感で、「あの店の○○が流行っている」と聞けば、買うために並ぶ人は多いでしょう。なかには行列の目的がわからなくても、とにかく並んでみたくなる人もいます。行列する心理は商品に価値があるからという理由だけではないようです。

● 集団的動物の本能として、他の個体の影響を受ける

　流行の商品はまさに、**「大勢が欲しがっている」**ことが、**大きな価値**になっています。みんなが選ぶもの、競って買うものはよいものに違いないと人は判断します。**「バンドワゴン効果」**といい、集団的動物である人間の本能に根ざした心理です。社会をつくって生存競争を勝ち抜いてきた人間は、より有利な選択を行うために、ほかの個体の行動の影響を受けやすくできているのです。

　バンドワゴン効果は、マーケティング手法としてよく知られています。新商品を成功させるためには、**「みんなが買っている」という印象の演出が有効**です。例えば通販サイトのレビュー数を増やす、「1日に○○個売れています」「大人気で品切れ」といったキャッチコピーをつけるなどです。食べ物でもファッションでも、既存の商品とそう変わらなくても、流行っているからという理由だけで人は十分に動かされるのです。

● みんなが欲しがるものは欲しくなる

● 多数に評価されているという演出が有効

2万人がダウンロードしたレシピ！

★★★★　500レビュー

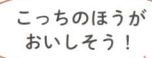

こっちのほうが
おいしそう！

手軽でおいしいレシピ！

★★★★　14レビュー

まとめ	□ 流行の商品は「多くの人が選んでいる」ことが大きな価値となっている □ 新商品を売りたいなら、大勢が買っている、流行しているという印象の演出が欠かせない

大ヒット映画は見たくない

● マニアックなものについてこだわりを語る

　映画や小説の大ヒット、ベストセラーなどをあえて避ける人がいます。多くの人にとっては魅力的に思える、「流行している」「みんなが買っている」というポイントが、彼ら彼女らにとってはマイナスに感じられ、購買欲を失わせてしまうのです。そうした人はマニアックな映画や本を好み、所持品もあえて人に知られていないレアものを選んでは、こだわりを語ることが多くあります。

● 高度な頭の働きからくる、「スノッブ効果」

　これは、前項のバンドワゴン効果と相反する「スノッブ効果」と呼ばれる心理です。スノッブは「俗物」「お高くとまった人」という意味で、本当は高貴でないのにそう見せたがる人を皮肉った言葉です。つまり**「自分は人とは違う」とアピールして、他人から尊敬されたい心理**といえるでしょう。前節のバンドワゴン効果が社会的動物としての本能に近い行動なのに対し、スノッブ効果はより高度な脳の働きに根ざした心理です。面白いことに、この両者は1人の人間の中で同居します。あえて高額でメンテナンスも大変なクラシックカーに乗っていながら、それで行列のラーメン店に食べに行く……なんて人が周りにいないでしょうか。

　スノッブ効果は、**車や趣味の道具のように、高額で個々のこだわりが表れるカテゴリにおいて、商品戦略としての威力を発揮**します。デザインやプロモーションでも、マスを狙うのではなく、あえてスノッブを狙ってみるのもひとつの手です。

● 人とは違うと思われたい

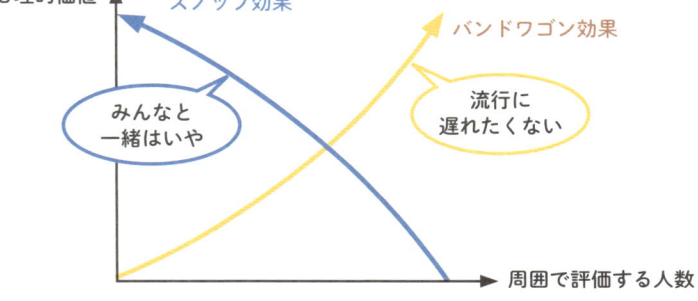

● スノッブを狙ったマーケティング

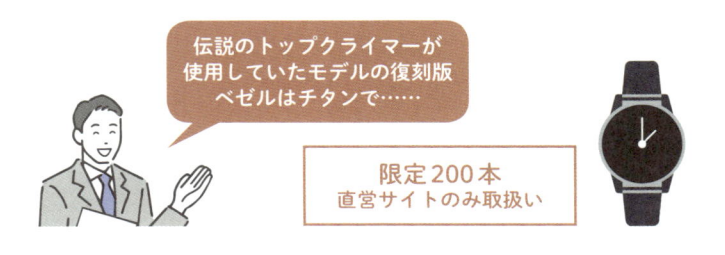

| まとめ | ☐ 多くの人が選ぶものをあえて避けたがる心理が「スノッブ効果」 |
| | ☐ 高額な商品カテゴリでは、スノッブ効果を利用して個性的なコンセプトを打ち出すとよい |

スマホはとにかく
最上位モデルを選ぶ

◉ 高い商品は魅力的に思える

　商品の価格にいくつかのグレードがあるとき、比較してから用途に見合ったものを選ぶでしょう。しかし、いつも即決で一番高いグレードの商品を選ぶ人もいます。こうした人にとって、**高額であることは魅力の１つ**になっているのです。安くて機能や品質がいい商品がたくさんあったとしても、高価なブランドものが売れ続けるのは、こうした心理があるからです。

◉ 見せびらかしの心理「ヴェブレン効果」

　これは「ヴェブレン効果」といって、簡単にいえば**他者に見せびらかしたい心理**のこと。そのためブランドものなどでは、価格が高ければ高いほど需要が高まる傾向があります。前節のスノッブ効果が人とは違うことに価値を見出すのに対し、こちらは値段が高いこと自体が価値で、それが一目でわかることが重要なのです。

　ヴェブレン効果は商品そのものへの欲ではなく、マウントを取りたいという気持ちから起こります。マウンティングは、他者より優れていると確認し自己を保とうとする行動で、自己愛から発しています。生物としての自然な本能に近く、スノッブ効果よりも強い動機となります。例えば王冠マークの時計を買うのも、袖口からチラッと見せて、「自分はこんな時計が持てる立場なんだ」とアピールしたいがため。ヴェブレン効果は、マーケティングにもちろん活用されています。富裕層向けの商品は、**価格の合理性よりも高級感を演出し、高額な値付けをするほうが効果的**なのです。

● 高価な所有物はマウンティング

高級ブランドでも上位モデルで、平均的なビジネスパーソンの年収の2倍はする

恋人へのプレゼントもラグジュアリーブランドの一品

常に最新モデル

高級ブランドの今年のデザイン

● より本能に近いのがヴェブレン効果

私のより高いやつだ

私のバッグのほうが高い

まとめ	☐ ブランドものなど富裕層向けの商品では、価格が高いほど需要が高まる傾向がある ☐ そのため高級感を演出しつつ、思い切った高額な値付けをするとよい

#ハロー効果

突出した魅力は人の目をくらませる

▶履歴や肩書きは人物全体の評価に影響する

　人を判断する際に、履歴や肩書きが評価に影響することがあります。例えば履歴書に、TOEICが900点と記載されている場合、英語以外の能力についても優秀とつい判断しがちです。実際は、保証されているのは英語の能力だけで、実務能力など仕事に必要な資質に関しては未知数のはずですが、できると思ってしまうのです。

▶目立つ特徴があると、その後光で認識が歪められる

　一際目立つ魅力があると、そのすべてが輝いて見える。これは行動経済学では「ハロー効果」と呼ばれる心理です。「ハロー」とは西洋の宗教絵画で見られる「後光」のこと。例えば、有名企業に勤めている人は、仕事も私生活も成功しているように見えます。ものに関しても同じです。スマートなデザインと使い心地で評判のスマホは、電池の持ちが少々悪くても、価格がライバルより高くても、人気に影響ありません。

　このように、**商品を売るためには何か1つ、飛び抜けた特徴をもたせるとよい**でしょう。例えば掃除機なら「とにかく吸引力がすごい！」と売り出すことにより、ほかの機能への評価は甘くなりがち。もし騒音が大きいとしても寛容に受け止めてもらえます。小さな売りを複数集めてもハロー効果は発揮されません。

　なお、ネガティブなハロー効果もあります。例えば「あの会社はアフターサービスがわるい」という評判がたってしまうと、新しい製品が優れていてもそれを打ち消してしまう効果があります。

1つの強い光がすべてを明るく見せる

強いセールスポイント1つに絞る

まとめ	☐ 何か1つ、飛び抜けた特徴があると、後光のように全体を輝かせる効果がある
	☐ 小さな売りを複数より、目立つ特徴を1つだけアピールするのがよい

羽毛布団を「いま買わねば」と思ってしまう

▶ ありえない値引き率の商品にひっかかる

「通常6万円のところ、TVの前のお客様だけに2万9800円！」なんてフレーズ、通販番組でよくあります。ただでさえ安値にしている上に、さらに「安い！ けど社長、もう一声！」なんて値引きさせる演出もお約束です。客寄せの手口とわかっていても、ふだんから欲しいと思っていた商品だったりしたら、「いい機会だから買おうかな」という気にさせられてしまいます。

▶ 最初に見た情報が判断の決め手に

売り手が示している、もとの値段が本当かどうかは怪しいもの。それでも購買欲をあおられてしまうのは、「アンカリング」という強力な作用のせいです。**最初に見た情報はアンカー（＝錨）のようにしっかりと心にひっかかるため、後から見た情報を判断する際に大きく影響**します。上の例では通常価格がアンカーです。

例えば高級ブランドの廉価版は、他社の同等品と比べれば割高ですが、「このブランドは高い」と知っているとお得に思えます。車のディーラーなら、全オプション装備の一番高価なモデルをショールームの入口に展示すれば、客はその値段がアンカーとなりほかの車の値段を予想します。予想は**高めに引っ張られるので、実際の値段は安く感じられます**。最初に安い車を見てしまうと、お目当ての車が高く思われて売りづらくなるでしょう。

不思議なことにアンカリングは、判断には関係のない数字でも先に見せられるとそれに影響されることが確かめられています。

● 最初に見た情報が心にひっかかる

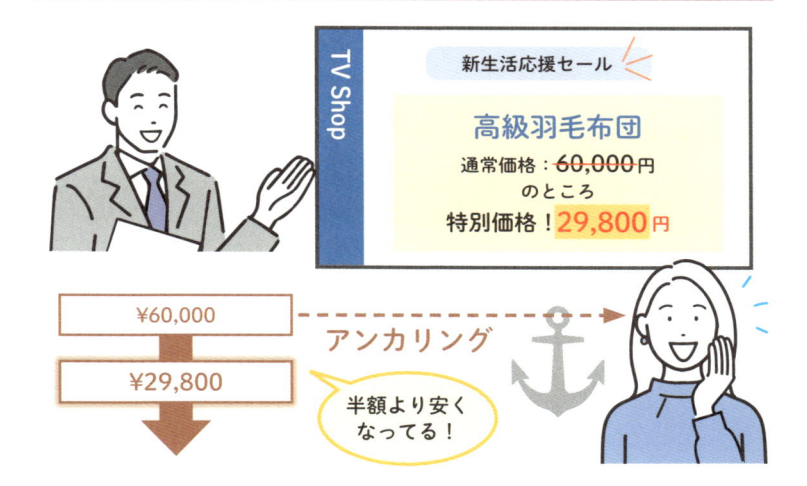

● アンカリングしだいで安くも高くも感じる

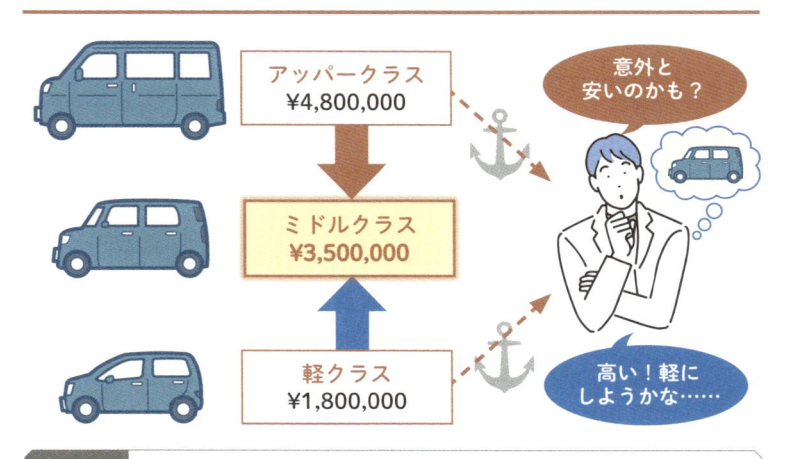

まとめ	□ 消費行動において、最初に見た情報の印象が強く残り、後々の判断に影響する □ 一番値段の高い商品を最初に目につくところに配置すると効果的

情報が頭に入りやすくなる、
魔法の数とは?

▶ 世の中はマジカルナンバーでまとめられている

　物事のポイントをいくつかの数字でまとめると覚えやすくなります。「○○のための5つのルール」「○○の3か条」など、ビジネス本や実用書でもよく見かけますね。**人が瞬時に記憶できる情報の数には限りがあり、覚えやすい数のことを「マジカルナンバー」と呼び**ます。気がつくと身近によく利用されています。

▶ 人が覚えられる情報の数はせいぜい3～5つ

　従来、マジカルナンバーは7±2と考えられてきました。例えば「世界の7不思議」など、7でまとめられているものが多いのもそのためです。しかし21世紀になって、「人はそんなに多くを覚えられない」という考え方が出てきました。心理学者のネルソン・コーワンが実験したところ、**人が短期記憶に残せるのはせいぜい、4±1**だと明らかになったのです。

　実際世の中には、4から1を引いた3でまとめられているものが多くあります。例えば電話番号も000-0000-0000と3つに区切られていることで、パッと見たときに頭に入りやすくなっています。メールアカウントも「kodokeizaigaku」という14個のローマ字より、「kodo.keizai.gaku」なら覚えやすくなります。短期で記憶できる意味のある情報の単位をチャンク（塊）といいます。

　ビジネスに応用するなら、**商品の売り文句は3つまでにまとめるのがおすすめ**。いいところがたくさんあるからといって、すべてを説明したらかえって印象に残らなくなってしまいます。

▶ 一度に記憶できる数は3〜5個

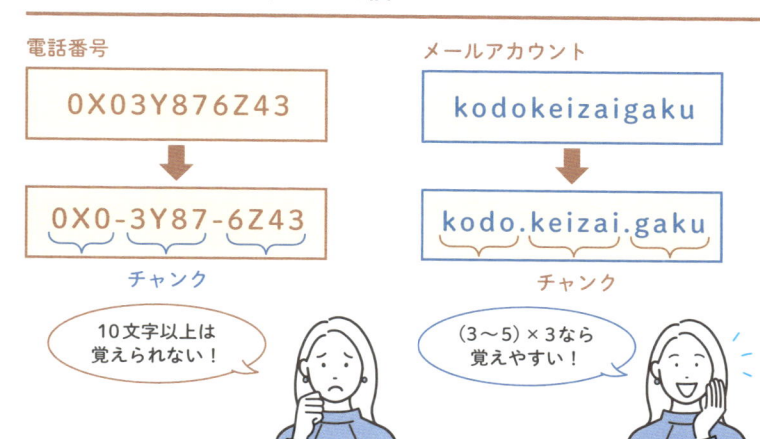

電話番号

0X03Y876Z43

↓

0X0-3Y87-6Z43

チャンク

10文字以上は
覚えられない！

メールアカウント

kodokeizaigaku

↓

kodo.keizai.gaku

チャンク

（3〜5）×3なら
覚えやすい！

▶ セールスポイントは3つにまとめる

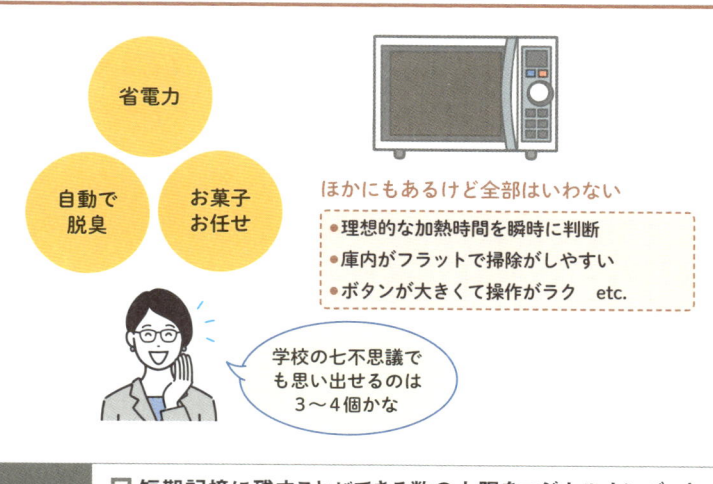

省電力

自動で
脱臭

お菓子
お任せ

ほかにもあるけど全部はいわない

● 理想的な加熱時間を瞬時に判断
● 庫内がフラットで掃除がしやすい
● ボタンが大きくて操作がラク　etc.

学校の七不思議で
も思い出せるのは
3〜4個かな

まとめ	☐ 短期記憶に残すことができる数の上限をマジカルナンバーという ☐ 覚えておきたいことや、相手の記憶に残したいことは3つのポイントに絞るとよい

人は自分の見たいものだけを
見て生きている

▶ 頭に入る情報は知らず知らずパーソナライズされている

　ネットショッピングをしていると、いつの間にか、自分の興味がある広告ばかり表示されるようになります。個人の検索や閲覧データをもとに、広告がパーソナライズされて表示されるためです。実は、自分自身でもこれに似たことをしているのをご存知でしょうか。例えば、ある社会問題について、自分が賛成の立場のときには賛成意見ばかり目に入るようになる、そのような心理効果があるのです。

▶ 自分が知っていること以外は無視してしまう

　人の脳は、自分が知っていること、わかっていることを優先的に知覚するようにできています。これを「選択的知覚」と呼びます。いつも通る街並みの一角が空地になっていたとき、そこにあった店や建物を思い出せないのはよくあることです。ふだんは自分の行動に関わるものだけに意識が向き、その他の情報は知覚せずに過ごしているのです。多くのエネルギーを使う脳のリソースを節約し、生存に必要な情報だけを無駄なく処理するためのしくみです。

　正しい判断をするためには、脳のこうした特性を意識して、なるべく多方面から情報を集めることです。消費者としては、**高額な買い物のときにネガティブなレビューを見る**のがおすすめです。気づかなかった視点でものが見えてきます。マーケティングにおいては、**商品の細部の機能より、商品自体を知ってもらうのが先**です。大手企業が莫大な費用をかけてTVCMを頻繁に流すのも、知覚されなければ、購買にはつながらないことを熟知しているからです。

● 人は関心のあるものしか知覚しない

● 脳は知っているものを優先する

まとめ	☐ 脳には選択的知覚の能力が備わっており、見たい情報、知っている情報だけを知覚するようにできている
	☐ 正しい判断をするには、多方面から情報を集めて考えるのが大切

スイッチングコスト

格安スマホに乗り換え
られないのはなぜ?

● 格安スマホがお得とわかっていても変えない

　格安スマホをサービスするさまざまな会社が登場し、ユーザーを増やしています。番号はそのままに安い費用で簡単に乗り換えられ、使える機能も遜色ありません。格安スマホに変えれば毎月大きな節約になることは明らかです。それでも、なかなか変更する決断ができない、という人は多いでしょう。合理的とわかっている行動に踏み切れないのは、なぜなのでしょうか。

● 現状を変えたくないという意識が働く

　長年の**習慣を変えるのには、多大な労力**がかかります。これを「スイッチングコスト」といいます。政府がやっきなマイナ保険証の普及率が低いのは、情報管理の心配もありますが、従来の健康保険証でなんの不都合もないからです。いままでと同じ選択をしようとする**「現状維持バイアス」**が働くのです。

　現状維持バイアスは行動経済学での「速い思考」(140〜143ページ)の典型で、脳が省力化のためじっくり考える手間を惜しんで、ラクな結論を選んでしまう現象です。いつも行くラーメン店で「たまには別のメニューにしようか」と思いつつも、やっぱり慣れた味のラーメンを頼んでしまうのもこのためです。

　現状維持バイアスを外すには、熟考するエネルギーが必要です。しかし、努力して**いったん解き放たれれば、イノベーションを起こす**きっかけになります。長く続いてきた企業が組織改革を行い、別事業で飛躍的な業績を上げるのもこうした例です。

● 習慣を変えるのにはエネルギーがいる

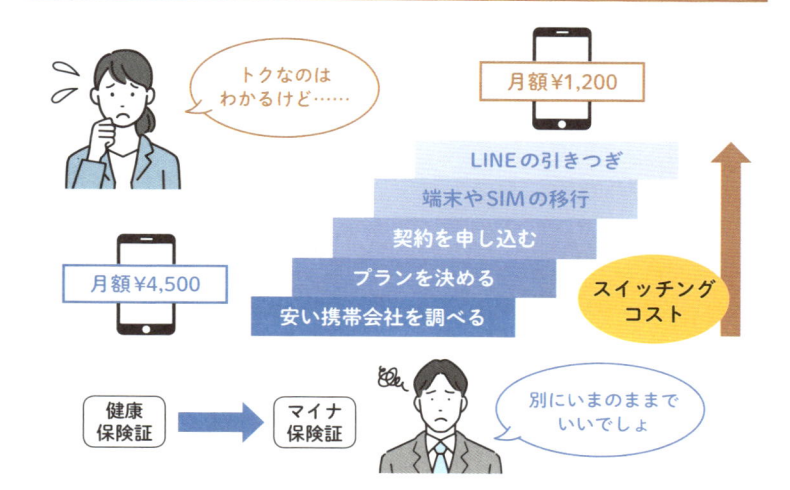

● 変えたいときはじっくり考える

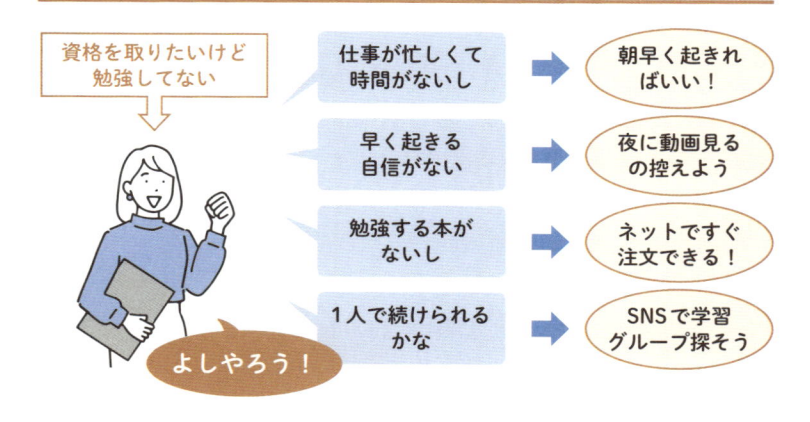

まとめ	☐ 習慣を変えられないのは、現状維持バイアスからくるスイッチングコストが生じるため ☐ イノベーションを起こしたいなら、たとえコストがかかったとしても現状を変えていく選択をすべき

#シグナリング

1粒500円のブランドいちごは やっぱりおいしい

● 高いからこそおいしく感じられる

　日本の果物のおいしさや美しさは飛び抜けていて、海外でも人気があります。ブランドいちごでは1粒500円という高価なものもあります。たまに、自分へのごほうびや、手土産でもらって食べるのは至福のとき。ふだんの1パック390円のいちごと比べておいしいのはもちろんですが、高いからこそよりおいしいという感じがするのは実は行動経済学では正しいのです。

● 高い価格は品質のよさを伝えるサイン

　1パック390円のいちごより1,000円のいちごを、さらに2,000円のいちごのほうをおいしく感じるのは、行動経済学では「シグナリング」といいます。**値段が高いほうが、良質な品であるというシグナル（＝信号）を消費者に与えている**のです。1本20万円のヴィンテージワインもしかりです。どちらも手間暇やコストをかけてつくられて、良質であることは間違いありません。しかしそれ以上にシグナルを受けた消費者の「こんなに高いのだからおいしくないはずがない」という心理が働いておいしく感じるのです。

　高級住宅街やタワマンで高層階の販売価格が高いのもシグナリング。売るほうが良心的に価格を安く設定しても、「相場より価値が低い物件」と、逆のシグナルを送ることになります。買い手は相場と比較して「価値が高いものを手に入れた」という満足感を失います。どちらにとってもメリットは減ることになるので、**価値の高いものを安く売る必要はない**のです。

● 価格は客へのシグナルになっている

1粒に500円の
価値がある

1パック（6粒）
¥3,000

1パック（8粒）
¥390

おいしさが
断然違う！

これだけ
高いんだから

● 価値に見合った値付けが大切

Xタワー《最上階》
¥2億5,000万

Yヒルズ《最上階》
¥1億5,000万

Xタワー《3F》
¥1億2,000万

Zレジデンス《戸建》
¥1億8,000万

価値としては、
Xタワー3F＜Yヒルズ
最上階＜Zレジデンス
か

Yヒルズ最上階に
住みたいな

まとめ	☐ 売り手は高い値付けをすることで、品質のよさを消費者に伝えている
	☐ 相場に見合わない低い値付けを行うと、買い手が受け取る価値まで下げてしまう

#エンダウドプログレス

もう進んでいると思えば
モチベーションになる

▶「ポイ活」時代の宣伝戦略

　ネット通販のサイトを見ていると、商品を選んでいるときから「○○ポイント獲得！」というポップアップが出ることがあります。もちろん商品を購入したら、会員になったらという条件ですが、ポイントを金銭と同じように活用する「ポイ活」が増加するなか、少しでも多くポイントを貯めたいという心理をうまくとらえたマーケティング方法といえるでしょう。

▶「与えられた前進」はモチベーションアップに効果

　このように、獲得予定のポイントを掲示して消費者の注意を引くのは、「**エンダウドプログレス**」という効果を応用した手法です。エンダウドプログレスは、直訳すると「与えられた前進」という意味。例えば、10個スタンプを集めると特典のもらえる会員カードにあらかじめ1個多く押してあったり、ジムの入会時に体力チェックをして「すでにここまでの能力はありますよ」といわれたりすると、ゼロから始めるより「頑張ればもっと……」とお店やジムに通う気が湧いてきますよね。**目標に向けてすでに一歩踏み出していると思うと、継続のモチベーションになる**のです。

　エンダウドプログレスには自己肯定感が強まり、パフォーマンスを上げる効果があります。マーケティングだけでなく、組織の運営にも役立ちます。例えば、新しく入ったスタッフに「ユニットリーダー」など**最初から肩書きを与えてあげる**のも、仕事のモチベーションや組織へのエンゲージメントを上げるのに効果的です。

● 最初から進んでいるとやる気になる

● 与えられた肩書きが人を成長させる

行動経済学は悪用することもできますが、エンダウドプログレスはそのような
ことにはなりにくく、有効に使えば組織によい結果をもたらします

まとめ	☐ 目標に向けて、自分が前進していると目に見えると、継続のモチベーションになる ☐ 自分の努力によるものでなく、あらかじめ与えられているところがポイント

健康商品のCMに大物芸能人が登場しがちなわけ

▶ 有名人のいうことは正しいと感じてしまう

　健康器具やサプリメントのCMで、シニア芸能人が「私も使っています」と推薦するシーン、よく目にしますね。テロップにあるように、彼らが話しているのは「個人の感想」であって、商品の効果を保証するものではありません。とはいえ「有名人が勧めているんだから、いい商品のはず」と考えて購入する人は多いのです。行動経済学ではこれを「**社会的証明**」といいます。

▶ 自分の判断より、大勢の他人の判断を採用する

　消費行動における「他者の意見」の影響は馬鹿にできません。売り手がアピールしている**商品価値が本当にあるかを裏付けてくれる**からです。家電や化粧品などを買うときに、口コミサイトやレビュー数をチェックするのも、社会的証明を求める行動です。

　他人に影響される点ではバンドワゴン効果と似ています。しかし、社会的証明は「みんなが欲しがっている」からではなく、「多くの人の判断だから正しいに違いない」と自分の判断の正しさを確信する心の動きです。同じ意見に**賛同する人が多ければ多いほど**効果は高まります。また、**社会的地位の高い人の意見**も大きな影響力を持ちます。

　だから企業がCMに有名人を起用するわけですが、SNS時代になって、まだ世の中に知られていない企業や商品のマーケティングには、モニターやインフルエンサーに使ってもらい、レビューを広めてもらうという戦略が主流になっています。

● 多くの人が勧めているから正しい

★★★★　500レビュー

満足度No.1

喜びの声が続々！

- 私もこれでおなかスッキリになりました
- 悩んでいたのがウソのように感謝しています
- 高齢の母にも安心して勧められます

● 社会的証明の強さを決断に利用する

評価している人の社会的地位

専門家の名を
かたった詐欺
はこの心理を
利用する

信頼できる
人がいうなら
安心

私の判断は
間違って
いない

評価している
人の多さ

私はいいと
思うけど
自信がない

多くの人が
同じ意見だから
正しい

サクラを使って
評価の高い
意見を水増し
する

まとめ	□ 口コミやレビュー数が多い商品が売れるのは「社会的証明」の作用 □ ネット時代は、インフルエンサーの声やレビューの肯定意見の数が大きな役割を担う

「ひとり勝ち」を求めるビジネスは
失敗する

● 人間にはもともと「利他性」がある

取引先から日頃のお礼に、千葉にあるファンタジックなレジャーランドの無料券を5枚もらったとしましょう。あなたは1人で全部使うこともできますが、きっと同僚や友人に分けるでしょう。人は**近しい他者や、自分が属している社会のためになる行動をとる**性質があり、これを「利他性」といいます。与えられたお金を2人で分ける「最後通牒ゲーム」「独裁者ゲーム」という実験では、平均して前者で4割、後者で2割を他人に与える結果になります。

● 「社会に役立つこと」がこれからは購入動機になる

利他性は見返りを期待する「情けは人のためならず」の部分もあるかもしれません。しかし実験では3歳の子どもにも見られ、生存戦略として遺伝的な部分があると考えられます。赤の他人よりも知人、友人、家族と距離が近くなるほど利他性は強くなります。人は同じ社会にいる他者にも利他性を期待するため、「ひとりじめ」する人は非難や排除の対象となりかねません。

商品を選ぶとき、とくに若い世代では「フェアトレード」が決め手になることがあります。値段は高くなりますが、遠くの生産者や流通者にも利益を分け合いたい気持ちがあるからです。品質や価格だけでなく、いまは社会のためになるかどうかが選択を左右する要因となってきています。こうした考え方はグローバル規模で広まっています。今後は**社会性や公益性をアピールしていくことが、ビジネスの成功に不可欠**になるでしょう。

● 自分だけよい思いをするのはよくない

あの人にあげたら
喜んでくれるかも！

いつかお返しをくれ
るかもしれないし

最後通牒ゲーム

・AがBにお金を分ける
・Bには拒否権がある
・Bが拒否すると両者0

A：B
6：4

独裁者ゲーム

・AがBにお金を分ける
・Bに拒否権はない
（Aは独占できる）

A：B
8：2

● これからは公益性も選択要因になる

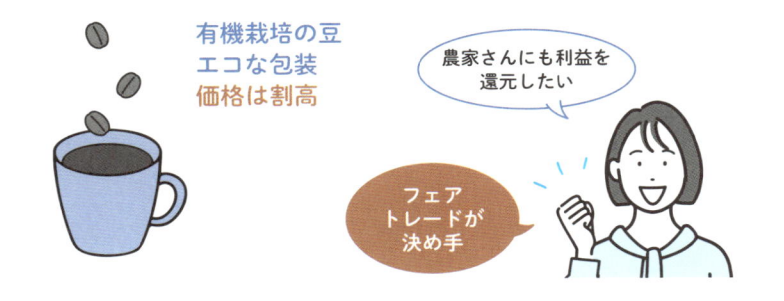

有機栽培の豆
エコな包装
価格は割高

農家さんにも利益を
還元したい

フェア
トレードが
決め手

まとめ	☐ 人は自己利益の追求だけでなく、自分に近い他者や社会の ためになる選択を行なっている ☐ ビジネスにおいても、将来的に社会性や公益性への評価が 高くなっていく

#ロミオとジュリエット効果

手に入りにくいものほど欲しくなる

● 障害があるほどに気持ちが高まる

　ロミオとジュリエットの物語は、惹かれ合った若者同士が家の反対を受けてますます燃え上がり、悲しい結末を迎えます。そこまでではないにしても「あの人はやめておけ」といわれるほど、恋は燃え上がるもの。ライバルが多いほど、会うためにはもっとお金が必要といわれるほど、ホストにのめり込む女性がいるのも同じことでしょう。そもそも、反対されればされるほど好きになってしまう**ロミオとジュリエット効果**は、なぜ起こるのでしょうか。

● 入手が困難だからこそ、ものの価値が上がる

　ひとつには、**障害を乗り越えて得たものは、それだけ価値が高く感じられる**から。また、「のぞいてはいけない」といわれればのぞきたくなるように、**禁止されると破りたくなる**心理も関係しています。人でなく、ものに対しても効果があります。何でもポチっと買える時代、簡単には手に入らないからこそ、余計欲しくなる。ビジネスにもこれを応用した例が多くあります。

　「数に限りがある」「いまだけの期間限定」など購入を急がせるもの、予約待ち3年のレストラン、現地でしか手に入らないご当地スイーツ、スタンプを全部集めないともらえない景品などなど……。商品に特別な価値をもたせてあげるために、**乗り越えるべき障壁を設けてあげる**というのもマーケティング手法です。ものやサービス自体の価値だけでなく、手に入れるまでの体験や時間にも、人は価値を感じることを利用しているのです。

● 手に入れるまでの体験や時間も価値

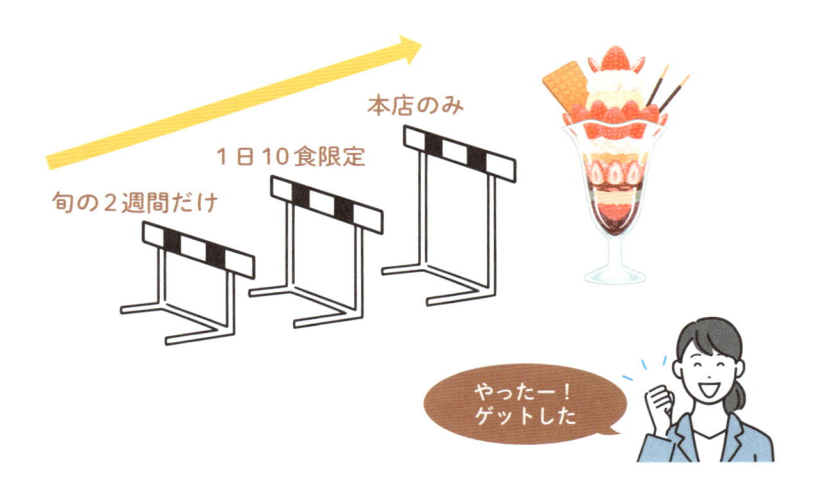

本店のみ

1日10食限定

旬の2週間だけ

やったー！
ゲットした

● あえて障壁を設けるマーケティング

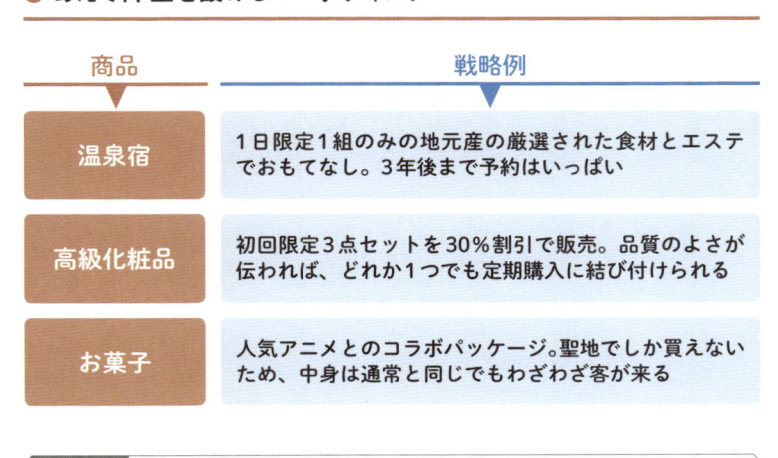

商品	戦略例
温泉宿	1日限定1組のみの地元産の厳選された食材とエステでおもてなし。3年後まで予約はいっぱい
高級化粧品	初回限定3点セットを30％割引で販売。品質のよさが伝われば、どれか1つでも定期購入に結び付けられる
お菓子	人気アニメとのコラボパッケージ。聖地でしか買えないため、中身は通常と同じでもわざわざ客が来る

まとめ	□ 入手するまでにハードルがあると、商品の価値が増して感じられる □ ロミオとジュリエット効果を利用したマーケティング手法は多く、熱中しすぎない冷静さも必要

もしプチプラ化粧品のマーケターになったら

　各 Part 末のコラムでは、その Part で使った行動経済学の理論を、日常場面でどのように利用できるかを、例題形式で説明していきます。Part 1 ではマーケティング場面への応用として、オンライン店舗のみで販売するプチプライスの化粧品のマーケティングを任されたとして、行動経済学を使って売上を伸ばす方法を考えてみましょう。

　プチプラなのかプレミアム路線なのか、価格設定が顧客に対する**シグナリング**になります。同じ機能の化粧品の価格を調べて**参照点**となる価格帯を考えて、その中でも低価格に設定します。

　広告宣伝費をあまりかけられないので、SNS の口コミをフル活用しましょう。インフルエンサーのほか、インスタや TikTok などでコスメ好きでフォロワー数の多いユーザーを選び、無料サンプルを提供する代わりに必ずレビューを書いてもらうように依頼する方法があります（「PR」と明示）。**無料効果**を利用して、多くの意見に裏付けられることで**社会的証明**を獲得できます。

　初回購入者には別の商品の無料サンプルをつけるなどもありです。**アンカリング**を活用して、初回は定価の 50% OFF として、定期購入をおすすめするという戦略も考えられます。**現状維持バイアス**が働き、顧客を長くつなぎとめる手段になります。

　これらが効果を発揮してユーザー数が増えれば、コスメランキング上位に入ることも期待でき、比較メディアでの露出も高まります。すると、**バンドワゴン効果**でさらに売上が伸びる好循環をつくることができるでしょう。

Part

2

人づきあいがうまくなる

対人関係に使える
行動経済学

ラベリング

相手によい「ラベル」を貼ると
よい行動を引き出せる

● 人は他人に対し、ラベルを貼って区別している

「あの人はおしゃれだから服選びの相談をしよう」「あいつは話題が豊富だから合コンの戦力になる」など、私たちは多かれ少なかれ、**他人にラベルを貼って人間関係を築いている**ものです。こうしたラベルは周囲から本人にも伝わり、そう思われていることを知ると、本人はさらにその通りに行動するというフィードバックが働きます。おしゃれな人は最新トレンドに敏感になり、話好きな人は旬の話題をインプットする、というわけです。

● よいラベリングは人によい行動を促すのに役立つ

これを、行動経済学では「ラベリング」といいます。人は**ラベリングされると、そのイメージに沿って行動したくなる**傾向にあります。ポジティブなラベルならいいのですが、なかにはネガティブなラベル（神経質、おおざっぱ、無口、口が軽い……）を貼ってしまいたくなる人もいるはず。ただし、それを表に出すと、本人に負のフィードバックを与えることになります。

ビジネスや人間関係に活かしてみましょう。仕事を依頼するとき「あなたは丁寧だから、安心して任せられます」などと一言加えると、相手はふだん以上に努力するでしょう。逆に「こだわりが強いから、時間をかけないでね」などと**負のラベリングをするとモチベーションが下がり**ます。人には正と負の両面があり、負に思えるラベルも見方よっては正に変えることができます。人を動かすのがうまい人ほど、ラベリングをうまく活用しています。

● ラベリングは他人の行動に影響を与える

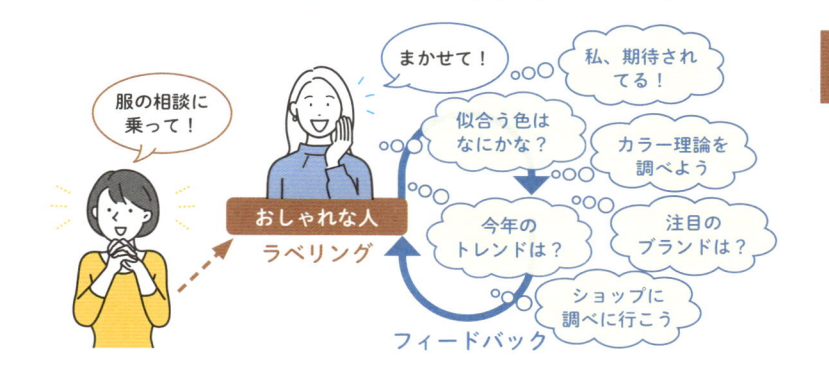

● よい影響を与えるラベリングをする

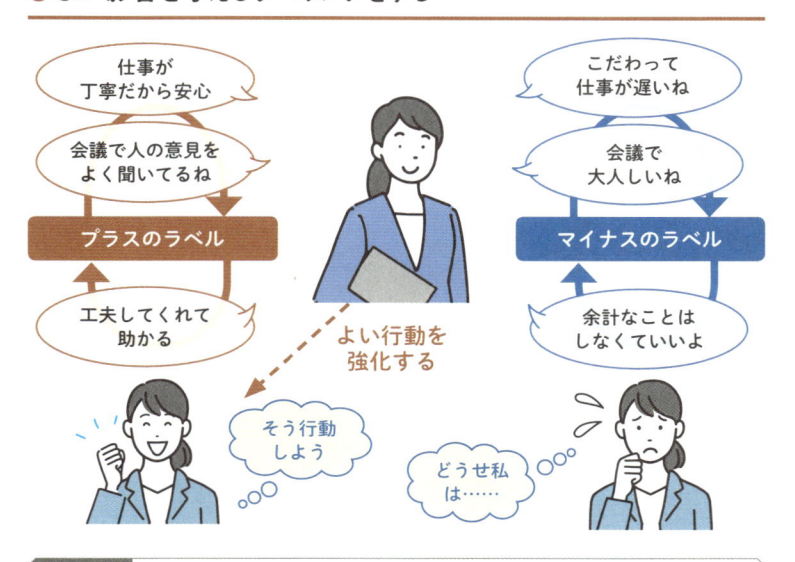

まとめ	☐ 人は勝手に他人にラベルを貼っていて、貼られた人はそれを意識して行動する ☐ 相手によいラベリングを行うことで、対人関係や組織がうまく回るようになる

単純接触効果 # ザイアンス効果

はじめは興味なかった人も、よく見かけると好きになる

● 気づいたら好きになっていたという心理

　人を好きになるとき、一目惚れ以外に、気がついたら好きになっていたというパターンがあります。例えば、家族の誰かが熱心なファンになったタレントがいて、最初は興味なかったのに、出演する番組を見せられるうちに、自分も好きになってしまったという経験はないでしょうか。心理学では「**単純接触効果**」といって、研究者の名前をとってザイアンス効果とも呼ばれます。

● 目に入る機会が多いほど好感度が上がる

　営業部に配属された新人は、まずは「用がなくてもお得意先に顔を出すように」と先輩に教えられるでしょう。これは、単純接触効果を利用した注文を取るための戦術です。

　人ではなくて、もの、場所、考え方にもあてはまります。コンビニで複数のブランドのお茶があったときは、**よくCMで見る商品をつい手に取ってしまう**はず。SNSでバズった曲は、何度も耳にするたびに、気づいたら口ずさんでいたということもあります。**接触する回数が多くなるほど好感を覚えやすくなる**とされていますが、度を越すと飽きられたり反発されたりする可能性もあり、最初の接触から早いうちに10回程度が効果的という研究もあります。

　片思いの人がいたら、さりげなく同じ空間にいて、相手の目に触れる回数を増やすのがおすすめ。ただし、相手が最初から嫌いと思っていると、逆効果になることもあるので注意です。そのためにも第一印象で嫌われないようにしてください（52ページ）。

● 目にする回数が多いほど好感を持たれやすい

接触する頻度が高いと、脳が知っている
ことを好感と勘違いします

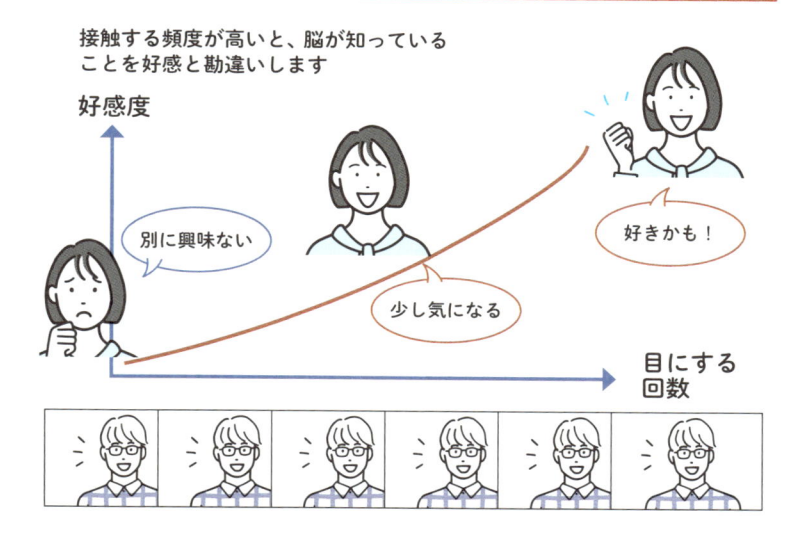

● ザイアンス効果で選択されやすくなる

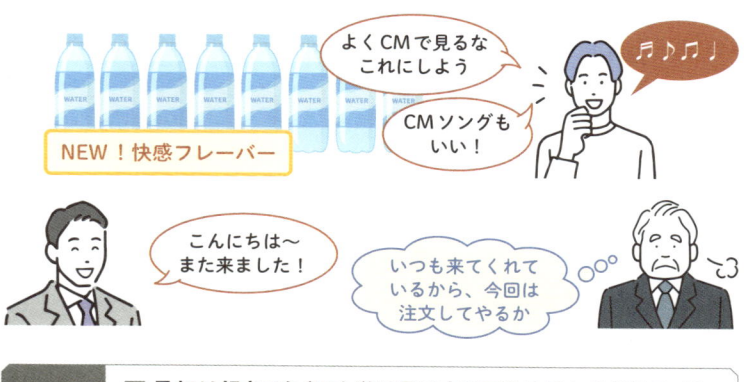

まとめ	□ 最初は好きでなくても単に目にする回数を重ねるだけで、対象に好感を持ちやすくなる □ 仲よくなりたい人とは、相手の目にさりげなく触れる回数を増やすとよい

メラビアンの法則

部下を笑顔で叱るとヘコまないが反省もしない？

● 見た目の印象が9割というのは本当？

　はじめての人に会うときは、化粧や服装選びもこだわりますよね。好きになってもらいたい相手ならなおさらです。ベストセラーとなった『人は見た目が9割』は初対面の印象の大切さを強調して、経験的に知られていたことを表現する代名詞になりました。一方、見た目で相手を決めつけることはルッキズムといわれて、公正でないとされます。どちらが正しいのでしょうか。

● 言葉の内容より、人は見た目や話し方に影響されやすい

　見た目が9割というのは「メラビアンの法則」をもとにしています。研究によると、コミュニケーションにおいて相手に感情が伝わる比率は、視覚と聴覚で9割超を占め、言葉は7％しかなかったのです。つまり、受け手は「話している内容」より、**表情や身振り・姿勢、声の調子などでほぼ印象を決める**のです。

　この法則を使えば、人にものを伝えるときの印象を変えることができます。例えば、**ネガティブな内容でも柔和な表情で伝える**ことにより、友好的な印象を与えます。反対に、「よくがんばってるね」とほめる内容でも、仏頂面でいうと本心と思われません。

　理性でルッキズムを否定しても、メラビアンの法則は本能的なものなので上書きするのは大変な努力が必要です。マイナスからスタートするより、最初にいい印象を持ってもらうに越したことはありません。ただし、あまりに「盛って」しまうと、それが参照点（10ページ）となり後からの失望も大きくなるので要注意です。

● 視覚と聴覚で伝わる感情が9割以上

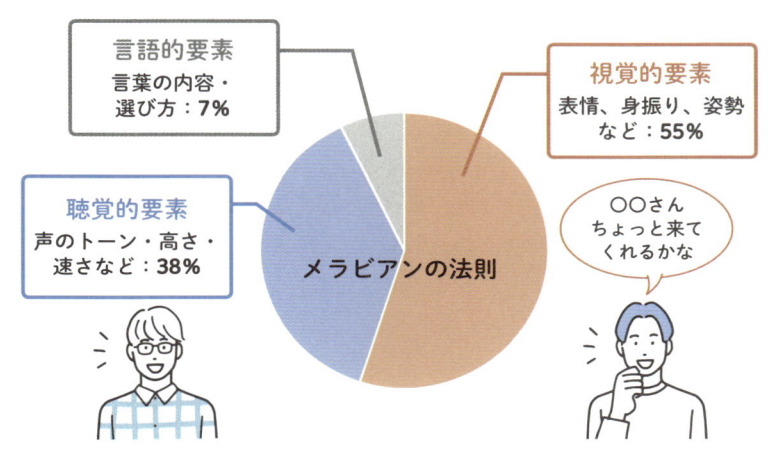

言語的要素
言葉の内容・
選び方：7%

視覚的要素
表情、身振り、姿勢
など：55%

聴覚的要素
声のトーン・高さ・
速さなど：38%

メラビアンの法則

○○さん
ちょっと来て
くれるかな

「○○さんちょっと来てくれるかな」という言葉でも、笑顔なのか深刻な顔なのか、声の調子が軽いのか重いのかで、9割以上の印象が決まります

● 伝え方で言葉の内容の受け取り方が変わる

だめだよ
事前に報告しないと

次は失敗しない
ように気をつけよう

がんばったね
契約おめでとう

なにか不満があるの
かもしれない

今度は自分で
考えてみたら？

任されたんだ！
やってみよう

今度は自分で
考えてみたら？

主体性がないと
思われてる？

ネガティブなことも柔和な表情だと友好的な印象になります。ほめるなら笑顔で

まとめ	□ 人は話を聞くとき、視覚:55、聴覚:38、言語:7の割合で相手の感情を判断している □ コミュニケーションのとき内容も大事だが、表情や身振り、声の調子はもっと大切にすべき

#カクテルパーティ効果

人の関心と好意を得るには
名前を呼ぶとよい

▶ 雑音の中から言葉が浮かび上がってくる

　居酒屋のようにガヤガヤと**騒がしい場所でも、人は聞きたいものだけを選んで聞く**ことができます。これは32ページで説明した選択的知覚が聴覚でも働くからです（余談ながら補聴器をつけた人はこれが乱されるので、雑音の多い場所では疲れてしまいます）。このおかげで友人との会話に入り込んでいても、ふと自分の**興味のある言葉が耳に入ってくると不思議と聞き取れる**ことがあります。これを「カクテルパーティ効果」といいます。

▶ 親しみを込めて名前を呼ぶと人間関係もよくなる

　例えば、隣のテーブルから最近ハマっているドラマのタイトルが聞こえてきたら、自分の会話を中断して話題に参加したくなるでしょう。ほかに、混雑した空港や駅でも、自分が乗る便のアナウンスが耳に入ってくるのも同じです。ラジオを流しながら仕事に集中していても、関心のあるニュースには耳をそばだてるはずです。

　カクテルパーティ効果が起こりやすいのが、**自分の「名前」を呼ばれたとき**です。自分の名前は脳のアクセスしやすい部分に収納されており、とくに重要な情報として認識するからです。

　名前を呼ぶことは、人間関係をつくる上でも重要で、デール・カーネギーの著作『人を動かす』には、人に好かれる6原則の中に「名前を覚える」が入っています。**名前を呼ぶと信頼関係が生まれやすい**のです。ビジネスでも、名前を呼ぶことは相手の関心をひくと同時に、人間関係がスムーズになる効果があるのです。

● カクテルパーティ効果は音の選択的知覚

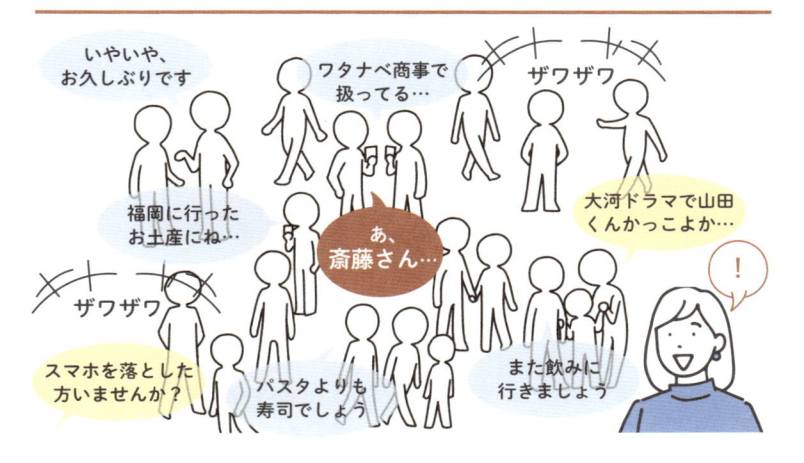

● 名前を呼ぶと関心と同時に好意を得やすい

デール・カーネギー『人を動かす』より

まとめ	□ 騒がしい場所でも、脳は聞き取るべき情報を選んで知覚できる □ 自分の名前を特別重要な情報として脳は認識し、すぐに関心を向けるようになっている

先に好意をあげると、相手も返してくれる

● 職場でよくある旅行のお土産の風習

休暇で旅行に行ったら、職場にお土産を買って帰るという人は多いでしょう。個人でどこに旅行に行こうが勝手のはずですが、たいていの人は、誰かからお土産をもらった経験があります。自分が行くとなると、やはり**もらいっぱなしでは気がとがめる**のです。誰かのお土産へのお返し、お返しのお返し…と過去からの長い連鎖が、職場でのお土産習慣を根づかせているのです。

● Give and giveにすると仕事はうまくいく

これは「**返報性**」という心理によるもの。人は、**誰かから恩を受けると、お返しをしなければならない気持ち**になります。どんな文化圏にも見られ、研究ではサルの社会でも見られることから、非常に強い、本能に近い行動だと考えられます。返報性はよいことに限りません。意地悪には意地悪を、恥には恥を返したくなります。

お返しの対象はものばかりではありません。こんな経験はないでしょうか。荷物を運んでいるとき、友人にドアを開けてもらえたら、次に会ったとき何かしてあげたくなるのです。

これは人間関係に応用できます。例えば、部署間や同僚の協力を得て達成したいプロジェクトがある場合。協力を取り付けるためにはまずこちらから相手部署・同僚を助けてあげることで、自分が困ったときには相手も助けてくれるのです。Give and take ならぬ、Give and give and give です。先んじて give することで相手の give を引き出すのです。

人は何かをされるとお返ししたくなる

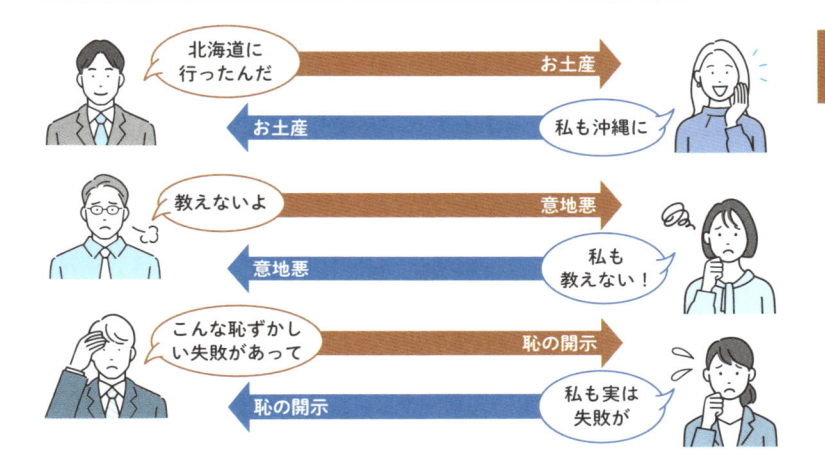

Give and takeでなくGive and giveに

まとめ	□ 人には「返報性」の心理が強く働いており、恩を受けたらお返ししないといけない気分になる □ 人から受けたよいことだけでなく、わるいことや恥をかくことに対しても返報性は働く

#ステレオタイプ

日本人は新しいビジネスを
創造する力がない?

● ラテン系の人が全員陽気なわけがない

日本人はシャイで真面目、イタリア人は陽気、など世の中に思われ
ている典型的な傾向があります。国籍以外にも、性別、人種、学歴、
職業などさまざま。例えば、「黒人は生まれつきリズム感がよい」な
どと信じていませんか? 人は**無意識に、属性によって相手を典型
例に当てはめて考えがち**です。こうした典型例のことを「ステレオタ
イプ」といいます。

● ステレオタイプで人の可能性を判断しない

ステレオタイプによる判断は、脳がラクをする速い思考(140ペー
ジ)で、認知をゆがめるバイアスです。まず問題なのは、**事実ではな
く間違いであることが多い**からです。いちばん有名な例は、血液型
や星座による性格判断です。「A型は神経質、B型はおおらか」など
といっても実際はなんの根拠もありません。さらに、統計的に有意で
ある場合でも、集団の傾向を示すだけで属するすべての人に当ては
まるわけではありません。

人物をステレオタイプで判断すると、思わぬ落とし穴にはまる危険
があります。警察官ならと信用してキャッシュカードを渡すなど、**だ
まされやすくなるリスクが高く**なります。若者のほうがキレやすい、
イスラム教は過激など、誤った**偏見を助長**します。ほかにも、女性は
科学が苦手といわれると、それに対する**挑戦をあきらめてしまう**こと
もあります。向き合っている人の個性を公正に判断して、まっさらな
状態から評価することが大切です。

●「典型的」な個人はいない

事実でない
A型は神経質 水瓶座は芸術家肌 黒人は生来リズム感がいい 若者はキレやすい 女性は科学が苦手

個人で違う
ラテン民族は陽気 日本人は勤勉 有名私立大はお坊っちゃま 医師や弁護士は高収入 帰国子女はバイリンガル

A型でアバウト

最先端科学者

医師で低収入

日本語のみOK

● ステレオタイプで人の可能性を判断しない

詐欺に使われている
キャッシュカードを
預かります

だまされるリスク

警察官がいうな
ら本当だろう

力仕事でも
まかせてください

偏見を助長する

女の子には無理
じゃないかな

将来の夢は
科学者です

挑戦を阻害する

女性は科学に
向かないだろう
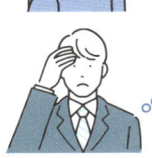

ステレオタイプで見ると個人の正しい評価ができなくなります

まとめ	□ ステレオタイプでものを見るとラクだが、判断を誤る可能性も高くなる □ 実際の人物にはステレオタイプなどいないのが当然で、自分で考えて評価することが大切

「ギャップ萌え」はなぜ キュンとするのか

● ステレオタイプがあればこそギャップ萌えできる

マンガや恋愛ドラマの王道として、主役が思っていた人と違う意外な面を持っていることを知って好きになる、というパターンがあります。学校では地味な子がYouTubeでは人気歌手、マッチョだけど裁縫が得意、外見ラッパーだけどお婆ちゃんに親切、女子高生だけどスナイパーなど……。**ステレオタイプによって思い込んでいた姿と実際の姿に差がある**と、その人に対する関心が強まります。**ギャップ萌え**があるわけです。

● ステレオタイプを裏切ると評価が上がるが落胆も大きい

こうした心の働きを知った上で、**ステレオタイプを逆手にとる**ことは、かなりの高等テクニックです。ステレオタイプは受け取り手にとっての参照点（期待値）なので、そこから好ましい変化をすれば好感度が上がります。最初にネガティブに見られたとしても、**異なる姿を見せることで、相手の好意を得やすくなる**わけです。例えば、ふだんは無口で通していて、ギターを弾けばプロ並みのテクニックを披露したなら好感度は上がるでしょう。

ただし、その逆の場合は問題です。好感度の高いステレオタイプの人が一度でもそれを裏切るような行動を見せたときは、失望は大きく、一気に嫌いになります。例えば、理想の父親像でNo.1のタレントが、たまたま見かけたときにファンの子どもに冷たい対応をしていたら、応援したくなくなるでしょう。価値関数（12ページ）は下がるときに大きく感じることを思い出しましょう。

● 「ギャップ萌え」のしくみ

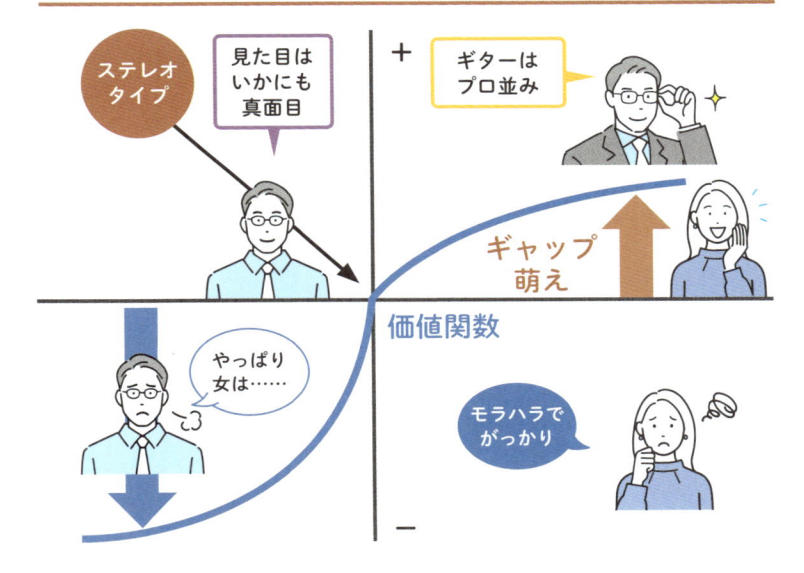

● ステレオタイプを逆手に取る

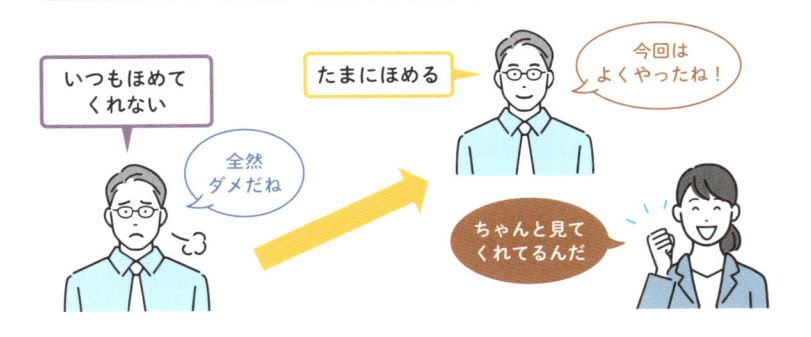

まとめ	□ ステレオタイプとは反対の人柄を見せることで、強い印象を与えることができる □ 好感度の高いステレオタイプの場合、その期待を裏切るとガッカリ感が大きくなる

#スパン・オブ・コントロール

1人が管理するメンバーの人数は
5～8人が適切

● フラットな組織では部下が多くて管理職は大変？

グローバル化の影響もあり、日本の組織も昔に比べフラットになってきています。従来のピラミッド型の組織に比べ、コミュニケーションが活発になり、パフォーマンスが上がるというメリットがあります。**フラットな組織では管理職1人が見る部下の数が増える**傾向があります。

● スパン・オブ・コントロールは管理できる人数の限界

人がマネジメントできる人の数には限りがあります。経営学では**1人の上司に部下5～8人が適切**とされており、「スパン・オブ・コントロール」（管理の限界）といいます。これを超えた人数になると、部下それぞれを把握したり、管理することが難しくなったりします。人数は説により幅がありますが、前出のマジカルナンバー（30ページ）がもともと7±2だったのに近いですね。

近年では、技術の発達によりSNSやグループ管理ツールで時間を問わずにリモートでも管理ができるため、スパン・オブ・コントロールが広がりつつあります。しかし画面でメンバーの行動データを見てチャットで会話していても、信頼できる人間関係はつくれません。部下ひとりひとりを理解し、必要なサポートを都度行うには、管理できる適切な人数に絞ることが望ましいのです。例えば**チームを5人ずつに分け、それぞれサブリーダーを置く**などの工夫が必要でしょう。管理職の負担を分散して、サブリーダーとなるメンバーの成長も期待できます。

● 1人が管理できるメンバーは5〜8人

● スパン・オブ・コントロールを意識する

まとめ	□ 1人が管理できる限界の人数とされるスパン・オブ・コントロールは5〜8人 □ スパンを超えたらサブリーダーをつくり、チーム分けして管理するのも手

自分が思うほど、
他人は自分を気にしていない

● 小さなことでも他人の目が気になってしまう

　仕事でミスをしたときは、**周囲の評価が気になる**ことがありますね。どう立て直すかよりも「どう思われているだろう」という気持ちでいっぱいになったりします。あるいは、美容院で前髪を3センチも短くされた、化粧室でふと鏡を見たら眉毛を片方書き忘れていた……など、身だしなみに失敗したときも、みんなが笑っている気がして1日中引きずってしまいますよね。

● 「相手が見てほしいところ」を見てほめるとよい

　人は、**「誰かに見られている」という前提**で物事を捉えています。このような心理も認知バイアスのひとつで、「**スポットライト効果**」といいます。文字どおり自分1人がスポットライトで照らされているように、周囲が自分に注目していると思い込んでしまうのです。しかし実際は、眉毛が片方薄くてもほとんどの人は気づきません。あなた自身、そんなに周りの人を注視しているでしょうか?

　自分が自身について考えている時間に比べて、**他者が自分のことを見たり、考えたりする時間はほんのわずか**。ですから、他人がどう思っているだろうとクヨクヨ考える必要はありません。気楽に構えて切り替えたほうが、仕事や対人関係においてのパフォーマンスが上がります。一方、対人関係にこの効果を活用することもできます。**他者をよく観察して**、他者が期待しているときに**長所や努力をほめてあげる**ことです。「あの人はよく見てくれている」と感じて相手は気持ちよくなり、良好な関係を築くことができます。

◉ 誰も自分のことほど他人を見ていない

◉ 観察して見つけた長所や努力をほめる

見てほしいところを見てほめてもらえると、相手のことを好きになります。モチベーションも上がります

まとめ	□ 「みんなが自分を見ている」と思いがちなのは、自分が自分のことを一番見ているから □ 相手をよく観察して、見てほしいところを見てほめてあげると良好な関係を築ける

もし寄せ集めチームのリーダーになったら

　仕事だけでなく、学校・地域・マンションの組合、有志のサークルなど、年齢も経験もさまざまなメンバーをまとめて成果を出さなければいけない場面は多くあります。Part 2 では、そういったチームのリーダーになったとして、メンバーをまとめて個人の力を引き出すために使える行動経済学を考えてみましょう。

　チームをまとめる基本は互いの好感度です。定期的にメンバーで顔を合わせる機会をつくる、メンバーとの 1 on 1 の機会を設けるなどで、**単純接触効果**により高まることが期待できます。

　メンバーの信頼を得るには**カクテルパーティ効果**で説明したように、必ず名前を呼ぶことが大切です。仕事を進めるうえでは、積極的にメンバーの仕事の援助をすることを心がけると、**返報性**から相手は仕事でそれを返したくなります。

　やる気を引き出すのに有効なのは**ラベリング**です。各メンバーをよく観察し、「A さんはミスがなくて確実」「B さんは明るくてムードメーカーになってくれる」などと、よいラベリングをしてミーティングの機会に本人や周囲に伝えると、モチベーションアップと能力の引き上げに役立ちます。

　失敗やトラブルなどで、メンバーに注意する必要が生じたら、**メラビアンの法則**を思い出し、言葉では的確な内容を伝えても、表情や声色はつねに柔和であることを意識しましょう。

　人数が多い場合は**スパンオブコントロール**も考えます。誰かにサブリーダーなどの肩書きを与えると**エンダウドプログレス**の効果で積極性を引き出せ、負荷を分散することができます。

Part

3

お金をうまく増やせる

貯蓄・投資に使える
行動経済学

#メンタルアカウンティング

ボーナスを使い切るのは、
心の会計が違うから

● ラッキーな収入は役に立たないことに使ってしまう

　運よく宝くじで30万円当たったとします。古いエアコンを買い替えて、礼装用のバッグと靴を買って、残りは貯金に、と最初は有効な使い道を思いつくでしょう。でも気がつくと、気に入った服を衝動買いしたり、外食で贅沢したり、あっという間に消えてしまうのが現実です。毎月コツコツ2万円ずつ貯めるとしたら、実に15カ月分の貯蓄になるのに……と後悔しても後の祭りです。

● 用途が決まっているお金には節約意識が働く

　臨時収入を浪費してしまうのは「**メンタルアカウンティング**」（心の会計）という作用が働くためです。人は心のなかで「この目的にはいくら使う」などとお金を科目ごとに分けて考えています。例えば、家賃8万円、光熱水道費2万円、食費4万円、交際費3万円など、**心のなかではお金を違う封筒に入れて管理している**のです。

　決まった封筒に入っていたお金を失うと、もう一度その用途に出すことに抵抗があります。例えば、定期券を落として買い直すことには出費の痛みを感じます。しかし、縁の薄い親戚の急な結婚ご祝儀を支払うことになっても、さほど心は痛みません。もともと**「定期には○○円」と決めていたからこそ、心の痛みを覚える**のです。

　この心の会計を活かして節約するには、支出の口座と貯蓄の口座を分けるのがおすすめ。同じ口座に入っていると余ったお金は臨時収入と同じように使い切ってしまいます。しかし、貯蓄の口座から使うのは心理的な抵抗があるため貯まりやすくなります。

● 心のなかで決まっているお金の使い道

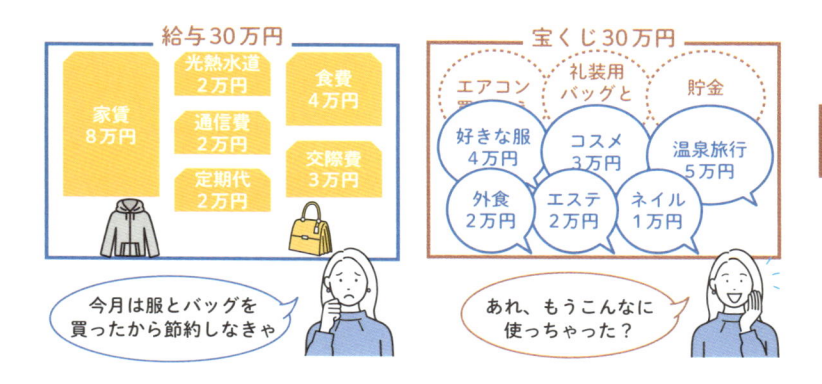

給与30万円

家賃 8万円	光熱水道 2万円	食費 4万円
通信費 2万円	
定期代 2万円	交際費 3万円

今月は服とバッグを買ったから節約しなきゃ

宝くじ30万円

エアコン　礼装用バッグと　貯金
好きな服 4万円　コスメ 3万円　温泉旅行 5万円
外食 2万円　エステ 2万円　ネイル 1万円

あれ、もうこんなに使っちゃった？

● 用途が違うお金は、使うのに抵抗がある

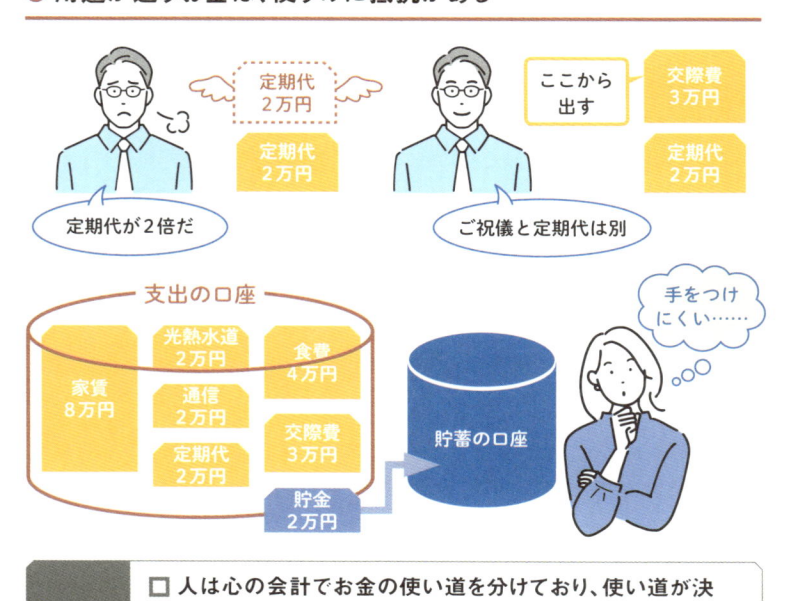

定期代 2万円

定期代 2万円

定期代が2倍だ

ここから出す

交際費 3万円

定期代 2万円

ご祝儀と定期代は別

支出の口座

家賃 8万円	光熱水道 2万円	食費 4万円
通信 2万円	
定期代 2万円	交際費 3万円

貯金 2万円

貯蓄の口座

手をつけにくい……

| まとめ | □ 人は心の会計でお金の使い道を分けており、使い道が決まっていないお金は浪費しやすい
□ 貯蓄の口座を支出の口座と分けると、手をつけにくくなりお金がたまりやすい |

「損切りは早く、利食いは遅く」が できないわけ

◉ 金融資産は売りどきの見極めが難しい

　投資相場には「利食い急ぐな、損急げ」という格言があります。とくに難しいのが損切りで、株価が買った価格を下回ると、損をしたくなくてなかなか売ることができず、塩漬けになることがよくあります。一方、株価が上がると、今度は早めに売って利益を確定したくなります。どちらの行動も戒めるものですが、心が抗いがたいことが行動経済学でわかります。

◉ 損を避けようとして、正しい判断ができなくなる

　これは1章冒頭で登場したプロスペクト理論で説明できます。人は参照点を基準にものの価値を判断し、得をしたときのうれしさよりも、損をしたときの悔しさを大きく感じます。そこで、**損を避けようとする「損失回避性」バイアス**が生じるのです。

　損切りは損を確定させることになるので、売りたくないという心理が働きます。さらに、追加的な損失には価値の減少を感じにくくなるため、値が戻る可能性にかけてしまうのです。

　反対に、儲かっている株については、追加的な利益に感じる価値は徐々に減ります。さらに、**利益の出ている現在の価格が参照点**になって、そこからもっと儲かる可能性より、儲けが減ってしまうリスクを避けようとします。

　上手な資産運用には、このバイアスを外す必要があります。例えば「利益や損失が購入価額の何％になったら売る」などと決めておくと、深追いや焦りによる失敗を防ぐことができるでしょう。

● 損失回避性バイアスが判断を誤らせる

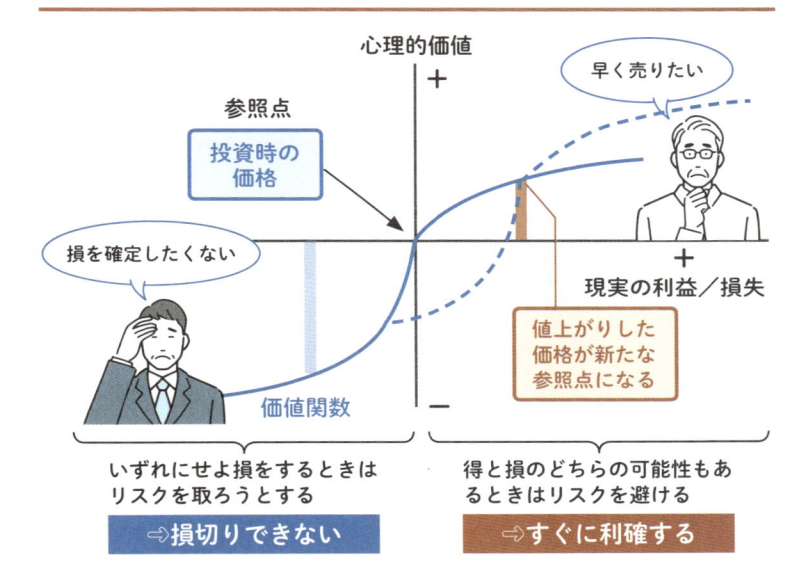

心理的価値

早く売りたい

参照点
投資時の価格

損を確定したくない

現実の利益／損失

値上がりした価格が新たな参照点になる

価値関数

いずれにせよ損をするときはリスクを取ろうとする
⇒損切りできない

得と損のどちらの可能性もあるときはリスクを避ける
⇒すぐに利確する

● 損切り・利食いともラインを決めておく

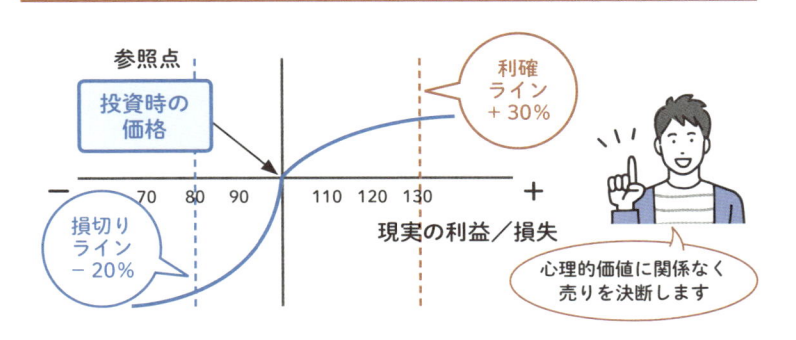

参照点
投資時の価格

利確ライン＋30％

損切りライン－20％

現実の利益／損失

70　80　90　110　120　130

心理的価値に関係なく売りを決断します

まとめ	□「損切り」がなかなかできないのは、損失を避けようという「損失回避性」バイアスのため □ 利益や損失がどれくらい出たら売るなど、ルールを決めておくと失敗しにくい

#時間割引率

将来の楽しみより、
いまの楽しみを選んでしまう

● ダイエットが成功しないわけは未来の幸せだから

　ダイエットしたいのに間食してしまう。貯金したいのにボーナスを夏休みの海外旅行に使ってしまう。こういった行動のわけは「時間割引」です。人は、**目先の幸福ほど価値を感じやすく**、健康・仕事の成果など、**将来の価値は割り引いて考えがち**です。目の前の幸福はリアルに感じられるのに対し、遠い将来の幸福はうまく想像できないという、人の脳のしくみから起こる現象です。

● うれしさは時間が経つにつれ下がる

　報酬を得て感じる「うれしい」という気持ちを経済学で「効用」といいます。**効用は時間が経てば経つほど低くなってしまう**性質があります。何カ月後かにダイエットに成功した自分や、何年後かの500万円の貯金よりも、今日夕方のお菓子の甘さ、1カ月後の海外旅行の興奮に高い効用を感じてしまうのです。

　効用が**時間によって減少する割合が「時間割引率」で、人によって差があります**。ダイエットや貯金ができる人は時間割引率が小さくて、できない人は大きい人です。後者の人は近視眼的だといえます。目の前の快楽を得て、苦痛から逃れてしまうのと引き換えに、健康や貯蓄という長期的な効用は得られません。

　時間割引率が大きいと自覚する人は、長期的な効用を漫然とでなく具体的にイメージするようにしましょう。「3カ月後に着たい服を着るためにウエスト−5cm」とか、「10年後にマンションを買うために頭金500万円」など、数字で明確にするとよいですね。

◉ いまの幸せより将来の幸せは実感しにくい

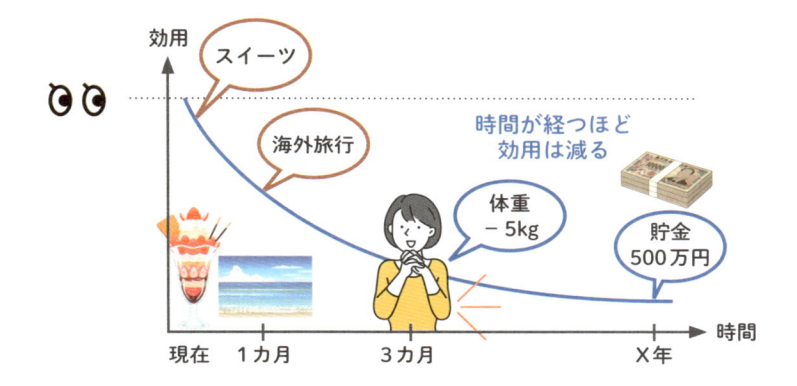

◉ 時間割引率は人によって違う

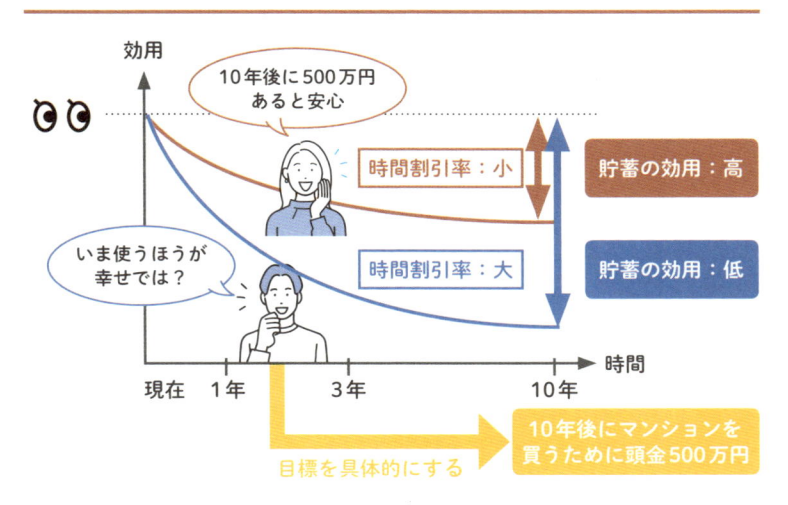

| まとめ | ☐ 幸福は得られるまでの時間が長いほど、価値が下がって感じられる |
| | ☐ 時間割引率が大きい人は、目先の楽しみにお金を消費してしまい、貯蓄や投資が少なくなりがち |

#プロスペクト理論 #主観確率 #確率加重関数

当選確率が限りなく
ゼロに近い宝くじを買い続ける

● 人は確率を正しく評価できない

　宝くじで1等が当たる確率は1,000万分の1（0.00001%）以下です。日本で交通事故にあう確率は年間1,000人に3人（0.3%）なので、宝くじに当たる確率が極めて低いことがわかるでしょう。それでも誰もが「買わないと当たらないから」と言い訳しながら買っています。**人は確率を正しく評価することができない**のです。そのため、多くの人は選択の局面で間違った判断をしています。

● 低い確率は高く、高い確率は低く考えてしまいがち

　正しい確率＝現実に対して、人が感じる確率を「**主観確率**」といいます。傾向として、まず極めて低い確率を高く評価します。宝くじの1等当選や、飛行機事故で死ぬ確率（0.0005%）が高く思えるのが典型です。一方、確率が高〜中くらいのときは低めに評価します。「この手術の成功率は99.8%です」といわれても、自分の手術が失敗する確率はもっと高そうに思わないでしょうか。

　人は、小さなほうの確率に注目してしまうと、それに対する**期待や不安といった気持ちが、確率を実際より大きく評価**させてしまうのです。実際の確率（客観確率）と主観確率の違いを表すのが「**確率加重関数**」で、右ページのグラフのようになります。これもプロスペクト理論のひとつです。

　低い確率にかけると損をしますし、高い確率にかけないのはみすみす利益を逃すことになります。歪んだ主観確率に頼るのではなく、客観確率を見て冷静に判断することが大切です。

▶ 低い確率は高く、高〜中確率は低く考える

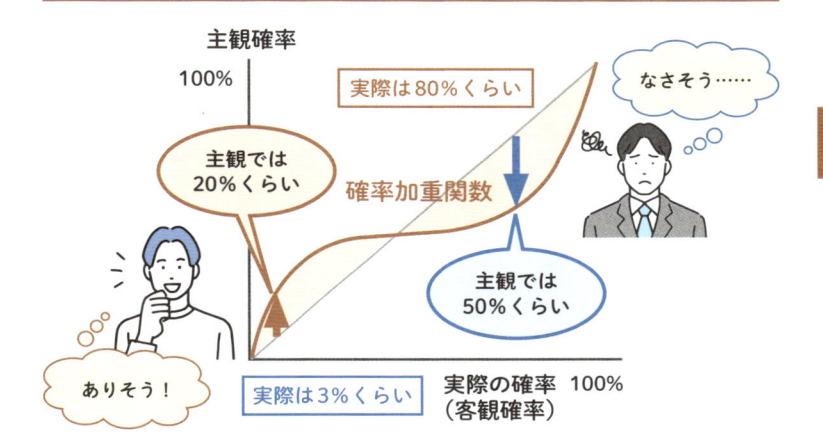

▶ 小さいほうの確率を過大に評価してしまう

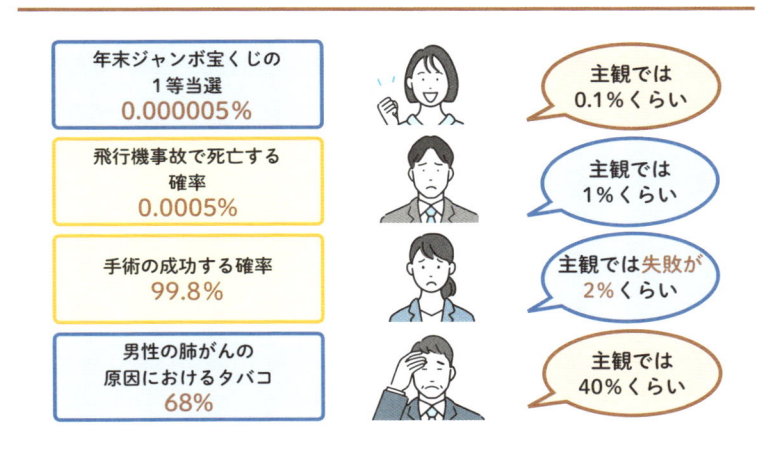

まとめ	☐ 確率は客観的なものだが、人はそれを主観的に歪めて評価を誤りがち ☐ 小さな確率でも、それに対する期待や不安といった気持ちが大きく感じさせる

周囲に宣言して始めると
成功する確率が高まる

● よい習慣を続けるには、周囲に宣言しておく

　習慣で会社に行く前に150円のコーヒーを毎朝買っていると、月に3,000円以上を浪費します。これを節約したいなら、周囲に「朝コーヒーやめます！」と宣言するといいでしょう。誰かに「やめたんじゃなかったの」といわれないように、誘惑に耐える力になります。禁煙やダイエットの方法としても有名ですが、自分の心のなかで決めるだけより効果的なのはなぜでしょうか。

● 人は一貫した存在でありたいという心理がある

　人には**自らの言動や方針について一貫していたいという心理**があります。これを「**一貫性の法則**」といいます。過去に自分が決めたことや習慣に、**矛盾する行動に抵抗がある**のです。寝る前に日記をつけたり、脱いだ服はたたんだりと、子どもの頃から続けている習慣は、しないと逆に気持ち悪くならないでしょうか。

　大人になっても、例えば「エコ意識の高い人」でありたいと思うと、ポリシーに反する行動をとりにくくなります。一貫性は**強い習慣になれば自分で守ろうとしますが**、そうなるまでは**周囲の目が力になる**のです。貯蓄や投資でも、友人に節約を宣言したり、毎月の積立金額を家族で共有したりすると継続しやすくなります。

　ただし、これには悪い側面もあります。例えば「仕事の締め切りは守る（睡眠2時間）」「毎月1万円投資する（食費300円）」など、一貫性を守るために消耗してしまう場合は、決めごとが合理的かどうかを検討し、緩めたりするようにしましょう。

● 人は言動を一貫させておきたい

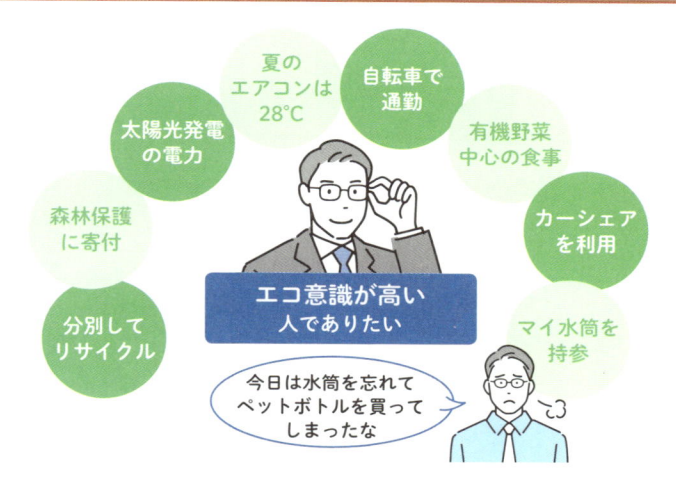

● 一貫性にこだわらず合理的に考える

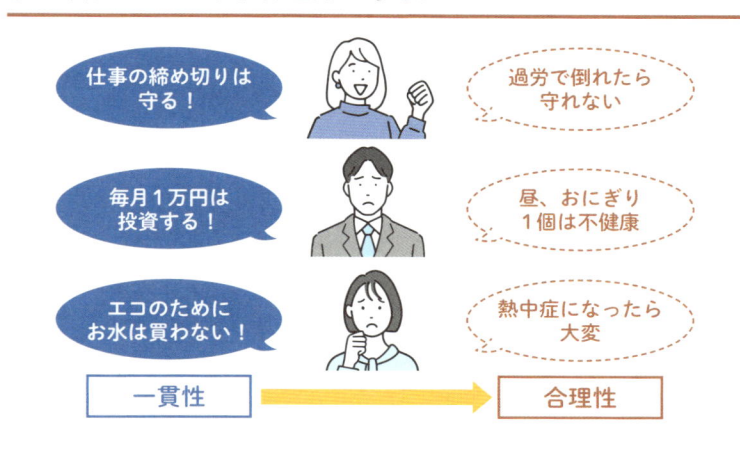

まとめ	□ 人には一貫した行動をとりたいという心理があり、目標達成のために活用できる □ 一貫性は絶対ではない。負担がかかっている場合は、合理的であるかの判断も大切

#サンクコスト　#コンコルド効果

見込みのない投資でも
切り捨てられない

● つまらない本や映画でも途中でやめられない

　読み始めた本や観始めた映画がつまらないけど、面白くなるかもと思って続けたら最後までつまらなかった。そんな経験は誰でもありますよね。貴重な時間を返してくれ！と後悔するはずです。続けても得をしないとわかっても、途中までやったからもったいないという気持ちが働き、やめられないことはよくあります。

● サンクコストにこだわると損失が大きくなることも

　それは「**サンクコスト（埋没費用）**」のせいです。サンクはすでに使ってしまったことを意味し、コストはお金・時間・労力など投資したすべてのこと。投資は利益を得ることが目的で、「投資＞利益」では損をします。でも人は、**損をするとわかっても、途中までかけたコストを惜しみ、さらにコストをかけて**しまうのです。この心理は、莫大なコストを投入して開発を続け、結局は事業的に失敗した旅客機にちなみ「**コンコルド効果**」とも呼ばれます。

　個人でもビジネスでも同じですが、大切なのは過去に投資したコストより将来の利益です。国産初のジェット旅客機は、15年の開発期間と約1兆円が投じられましたが、コンコルドとは逆に開発を中止し、それ以上の損失を避ける道を選びました。

　お笑い芸人をめざして3年間がんばってみても芽が出ない場合、その3年間はサンクコストです。あと1年がんばるのか、そこで見切りをつけるのかは難しいところですが、決断して違う目標に向かって努力すると別の道が開ける可能性もあります。

● すでに使ったコストにこだわってしまう

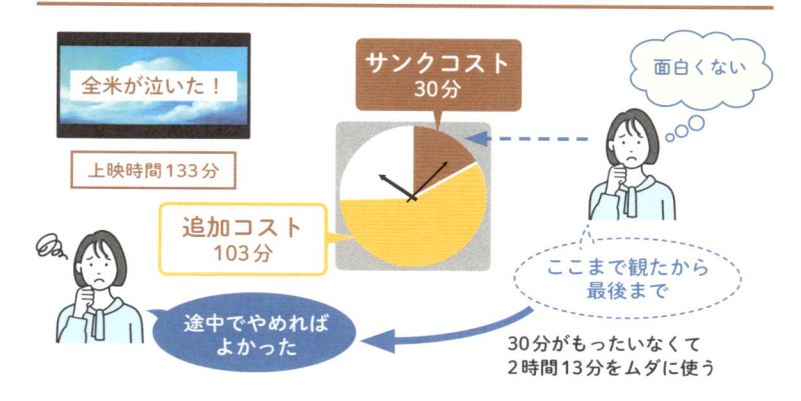

● 最後までやるか、サンクコストを諦めるか

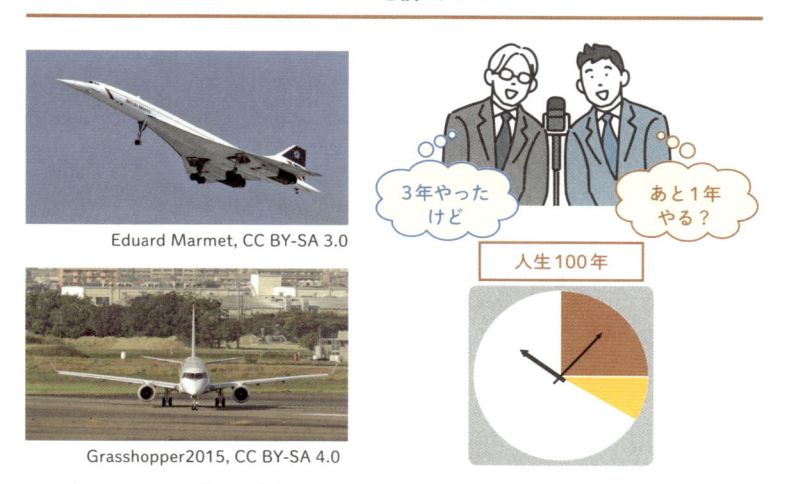

写真上はコンコルド効果の由来となったConcorde、下は2023年に開発が中止された
Mitsubishi SpaceJet

まとめ	□ 回収できる見込みのないコストをサンクコストという
	□ 過去の投資を取り戻すことにこだわると、損失がさらに膨らんでしまう

#サンクコスト　#コンコルド効果

見えない投資を続けると
個性や強みになる

● 投資には合理性だけで量れない利益がある

　サンクコストはビジネスでは一概にマイナスと思われていますが、求める成果が短期的になったためで、それは一面的な見方です。**見通せる将来で合理的な判断だけが正しいわけではない**のです。例えば、子どもの頃から習っていたピアノ。別にプロにならなくても、下手でも続けていれば、音楽を楽しむことは人生でプラスになります。お金だけが投資のリターンではありません。

● サンクコストが未来の成功を生む土壌をつくる

　投資の成果は、はっきり目に見えない場合があります。実はピアノを弾けるというギャップ萌え（60ページ）が、人との出会いを引き寄せるかもしれません。仕事で唯一の地位を築く人は、複数の得意分野を持っている場合が多くあります。例えば、アプリ開発を仕事にした人がいて、そこにピアノで養った音楽性をかけ合わせると、他人に真似のできないアプリができる可能性があります。料理×生け花、商品開発×ダンス、教育×落語……ほかにもさまざまなかけ算がユニークな強みとなるチャンスがあります。

　サンクコストは人や組織がどう生きてきたかの歴史でもあり、個性や人間性もそこからつくられます。ビジネスでも、**開発当時は使い道のなかった技術が、後に収益につながる**ことがあります。ノーベル賞受賞者も口をそろえて基礎研究の大切さを説きます。サンクコストにはやがて実を結ぶ木が育つ土壌をつくる面があることを忘れてはいけません。

● 短期的な成果だけで投資を考えない

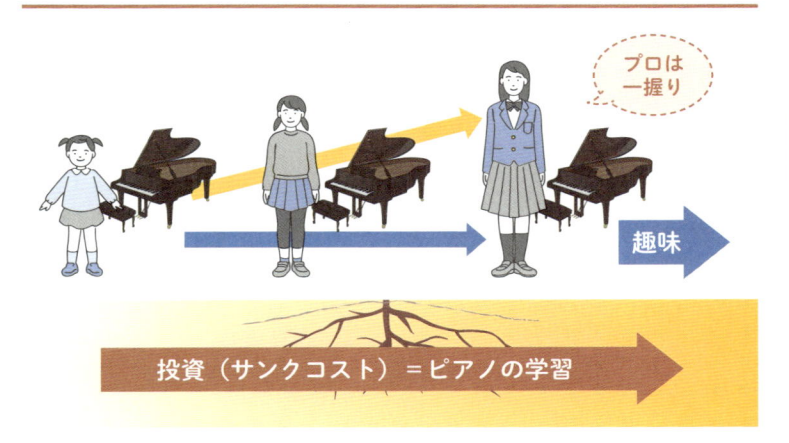

● やがて実を結ぶ木が育つ土壌をつくる

まとめ	□ サンクコストは人や組織の歴史であり、個性や人間性をつくっている □ 後に価値を生むこともあるので、いま成果が見えなくても投資は続けるといい

#ギャンブラーの誤謬　#代表制ヒューリスティック

「そろそろ株価は上がるだろう」の直感は当たらない

● 同じ正解番号が続くはずはない、という思い込み

4択のテストで正解がわからないとき、「正解②が3つ続いたから、次は②以外のどれかだろう」などと、勘で答えを選んでしまうことはありませんか？　実際には、それまでの②が正解の数と、その問題は関係がないので、4つすべてに正解の可能性があります。このように、狭い範囲の経験則による**直感的で間違った確率論で物事を判断してしまう**心理を「**ギャンブラーの誤謬**」といいます。

● 直感にもとづく間違った確率で判断しない

コインを投げて5回連続で表だったら、次は裏が出る気がします。実際は常に確率は2分の1です。よく考えればわかることなのに、私たちは、直近の事象から未来を予想しようとしがちです。投資でも、A社の株価は下がり続けているからそろそろ上がるだろう、円相場が3日連続で下落しているから今日は円高に転じるだろうなどという予想はまったく根拠がありません。

人は**限られた情報から物事を判断する**思考のクセがあります。代表的な特徴から、勝手な確率論で決めつけてしまうことを、行動経済学で「**代表性ヒューリスティック**」といいます。例えば、「坊主頭、サングラス、黒いスーツ、身長180cm、柔道初段」といった特徴を示されたら、高い確率で男性だと思ってしまうでしょう。

このように直感的な確率で答えを出すのは、重要な局面での失敗を招きます。投資も直感ではなく、相場に影響するさまざまな指標を集め、客観確率をもとに判断することが大切です。

直感的で間違った確率論で物事を判断する

限られた情報から物事を判断しない

代表性
ヒューリ
スティック

限られた範囲の経験則で判断する

ギャンブラーの誤謬

まとめ	□ 人は経験則にもとづいて、直感的で間違った確率論で物事を判断してしまいがち □ 重要な決断は、直感ではなく客観確率にもとづいてじっくり考えてからくだす

もし30代のサラリーマンが資産形成をめざすなら

　Part 3 は貯蓄・投資のために使える行動経済学です。あなたは30代の会社員で、お金のかかる趣味もあります。計画的に資産形成するにはどうしたらよいでしょうか。

　人は**時間割引率**の働きがあるため、漠然と「お金を貯めたい」と思うだけではなく「○歳で住宅を購入するために○○万円を達成する」などと目標を明確にして、そこから逆算して毎月の貯蓄・投資の額を具体的に設定しましょう。

　メンタルアカウンティングを利用して、月あたりで趣味にかけるお金に上限を設定すると、際限なく注ぎ込んでしまうことを避けられます。同様に貯蓄・投資も月あたりの額を決め、給与を受け取った時点ですぐ別の口座に移すようにします。その点、NISAやiDeCo などはそれを自動的に行ってくれ、税制優遇もあるので、積極的に利用するとよいでしょう。

　始めるときは周囲に宣言して、**一貫性の法則**を利用しましょう。強い習慣化のためには、お金の流れを可視化するのが有効です。いまはキャッシュレス化が進み、銀行やクレジットカードの記録を取り込んで、すべての入出金を管理できる家計簿アプリがあり、毎月記録を見るとモチベーションになります。

　投資をする場合は、どうしても**主観確率**が働き、リスクやリターンを正しく評価できません。**ギャンブラーの誤謬**に陥らないように客観的な指標を参考にし、**サンクコスト**に縛られずに判断ができるように損切りの基準を設けておきましょう。

Part

4

考え方のクセに気づく

決断に使える
行動経済学

#フレーミング

人の気持ちを動かすには「伝え方が9割」

▶「8割賛成」と「2割反対」では印象が異なる

政策へのアンケート結果の報道などで、「8割の人が賛成しています」という説明と、「2割の人が反対しています」という説明があったら、それぞれどのように受け取りますか？　前者なら大半の賛成を得ているのだと感じ、後者なら少なからず反対があるのだと、ネガティブな印象を持ちがちです。その印象により、自分の賛成・反対の意思も左右されるのではないでしょうか。

▶「伝え方」の及ぼす影響は大きい

このように、**同じ内容でも表現の仕方によって情報の印象が変わり、意思決定に影響を及ぼす**ことを「**フレーミング効果**」といいます。フレーミングとは枠取りのことで、写真の構図の意味もあります。同じ場面でも切り取り方、構図により印象が変わります。

冒頭のアンケートの例でいえば、「8割賛成」のほうは伝え手＝報道はこの政策についてポジティブに、「2割反対」のほうはネガティブにとらえていることがわかります。伝え手の選んだ構図＝フレーミングに、私たちの印象は強く影響されてしまうのです。

フレーミング効果は、広告やマーケティング、政策、報道などであたりまえに利用されています。**中立的に見るには、逆のフレーミングで考えてみる**ことが有効です。例えばある商品が「8割のお客様がご満足」と宣伝されていたら、2割は不満があるととらえ、その不満点を調べて自分は問題にしないか考えてみる。このように客観的かつ冷静に検討し、決断するクセをつけるとよいでしょう。

▶ 伝え方により受け取り手の考えが変わる

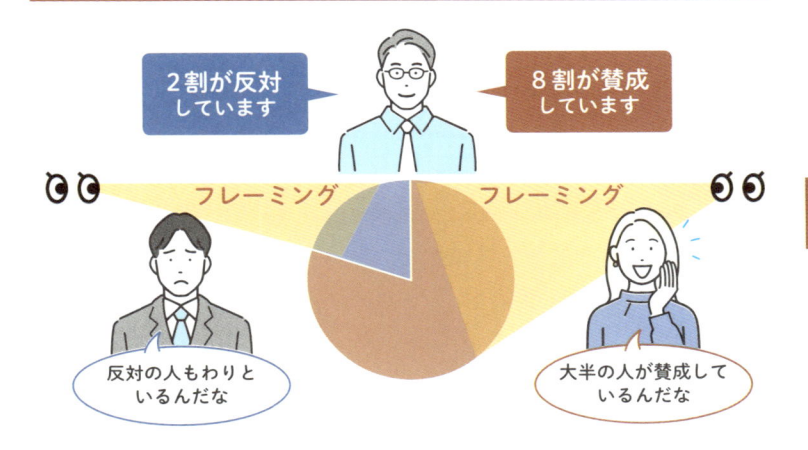

● 見方を変えるリフレーミング

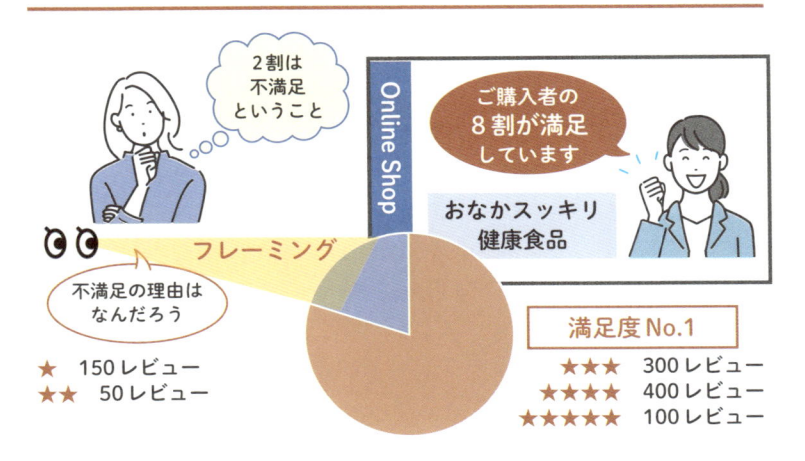

まとめ	□ 情報の伝え方「フレーミング」によって、受ける印象ひいては意思決定が変わる □ 情報を客観的に判断するには、逆のフレーミングで置き換えてみるとよい

よいことは、
ちゃんとよいという

● フレーミングしない伝え方のほうが難しい

　フレーミング効果はさまざまなところで利用されています。例えば「5年前より10％省エネです」などと、よい面を強調し、最新モデルを購入に導くなどです。まだ使える製品を廃棄することや、何年使えばもとを取れるかはフレームの外にしています。こう説明すると、ずるく感じられるでしょうが、政治家、マスコミ、学者ほか、どんな立場でもやっていることです。むしろ主観をまったく交えずに情報を伝えるのは極めて困難です。情報を**伝える側が中立であろうとしても、人は文脈を読み取る**からです。

● 自分の視点を変えるようにフレーミングする

　事実を違えて印象操作することは論外ですが、フレーミングが避けられないなら、望ましい印象を人に与えるようにしましょう。

　意思決定を促す場合は、自分が意図する文脈で伝えます。例えば、プレゼンで「不安要素が1割あります」というより、「9割成功します」といったほうが相手の印象はよいに決まっています。あなたがプレゼンされる立場なら、フレーミングを変えて、逆に1割の不安要素をきっちりと検証するようにすればよいのです。

　フレーミングの転換は、他人に印象操作されないためでなく、**自分の固定観念を破る**ことにも役立ちます。物事が行き詰まったときには、別のフレーミングを考えてみましょう。例えば何か失敗したとき、自分を責めるよりも「失敗の原因を考え教訓にする」と視点を変えると、再び前向きにがんばることができます。

● 伝え手のフレーミングに気づく

● 自分に望ましいフレーミングに変える

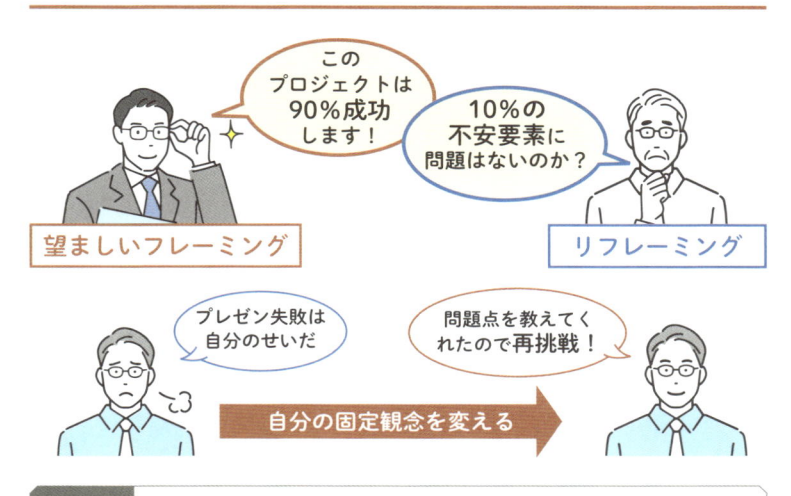

まとめ	□ 完全に中立な伝え方は困難。どうせなら意図に沿ってフレーミングするほうがよい □ フレーミングを転換すると見方が変わり、新しい局面を開くことができる

「変えるのが面倒くさい」を 変える方法は?

● 日々の生活は考えずにすむルーティンでできている

歯磨きやシャンプーは、ずっと同じものを使い続けている人が多いでしょう。買うたびによく比較して選ぶのはエネルギーを使うため、脳が「いつものやつ」で済ませようとします。人は一度決めたら、結果として**損失が増えたり、利益が失われても、現状をなるべく変えたくない**のです。使っていないサブスクサービスの解約を先のばししたり、実家の荷物を整理できないのもそのためです。

● 手の届く範囲で少しずつ変えていくことを意識する

現状を**変えることに抵抗を覚える心理**を「**現状維持バイアス**」といいます。このバイアスに打ち勝つには、小さな1歩から徐々に変えていくのがおすすめです。健康のための運動をいつまでも始められないなら、いきなり毎日30分走るのは大変なので、まずは1駅分を歩くことから始めると取り組みやすいはずです。

組織の行動も同じです。前例に従うことは考える必要がなくてラクですが、時代に対応できなくなるリスクがあります。よい方向に変えようと正論をいっても、危機感をあおっても、周囲の現状維持バイアスに阻まれ、変えるのはなかなか難しいものです。

そんなときは、「これならできるでしょう」という**ファーストステップを与える**ことが大事です。例えば、情報共有を密にしたい場合、LINEなど使い慣れたツールで、了解したら「いいね」を押してもらうなど、負担なくできる方法を提案します。徐々にやり方に慣れてもらい、少しずつ改善を進めていくように戦略を練りましょう。

● 変えたほうがいいとわかっていても変えられない

● ファーストステップを与えると変わりやすい

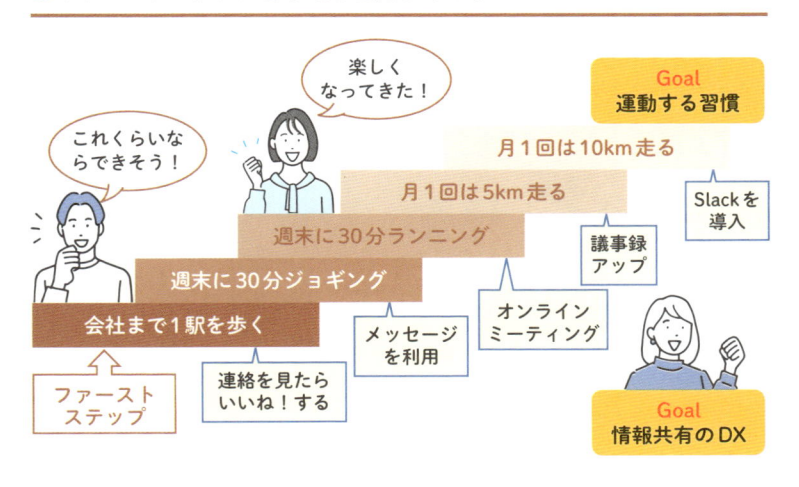

まとめ	□ 人は本能的に「現状維持バイアス」があり、物事を変えるのに抵抗を覚える □ 個人でも組織でも、まずは手の届く範囲で目標を設定し、少しずつ変えていくとよい

「推し」は尊いから、
きっと間違っていない

● 人は自分の見たい情報しか見えなくなる

　例えば、自分の推しがSNSで炎上発言をしたとしましょう。それが周囲で論争になっていたら、やはり推しのことを信じたくなるでしょう。すると報道やSNSのコメントなどから擁護する意見を見て安心し、批判する意見は見ようとしなくなります。このように、人には**自分の考えや思い込みにとらわれ、意に反する情報が目に入らなくなる**心のクセがあります。これを「**確証バイアス**」といいます。

● 確証バイアスから逃れるには反対意見を聞く

　さまざまな場面で確証バイアスは判断を誤らせます。例えば、自分が株で投資した企業があると、よい経営ニュースは信じても損失や経営者の悪評には目をつぶり、結果として大損をすることがあります。ほかにも、ネットで健康・医療情報を探すうちに、自分が信じたい情報しか表示されなくなり、社会的証明（40ページ）があると勘違いして、陰謀論を信じてしまう危険もあります。

　ビジネスでは、経営者の周りがイエスマンばかりになり失敗の可能性に目をつぶって投資に踏み切ってしまったり、自社の技術力はトップと信じているうちに技術が陳腐化して後発企業に追い抜かれたりなど、確証バイアスで企業が凋落しまった例も多々あります。

　重要な決断では、自分が**確証バイアスにとらわれていないかを自問する**ことが第一です。そして冷静に見てくれる人、耳の痛い意見を大切にし、フレーミング（86〜89ページ）を変えて、自分とは反対の立場の視点で見ることが有効です。

● 人は自分の見たい情報しか見えなくなる

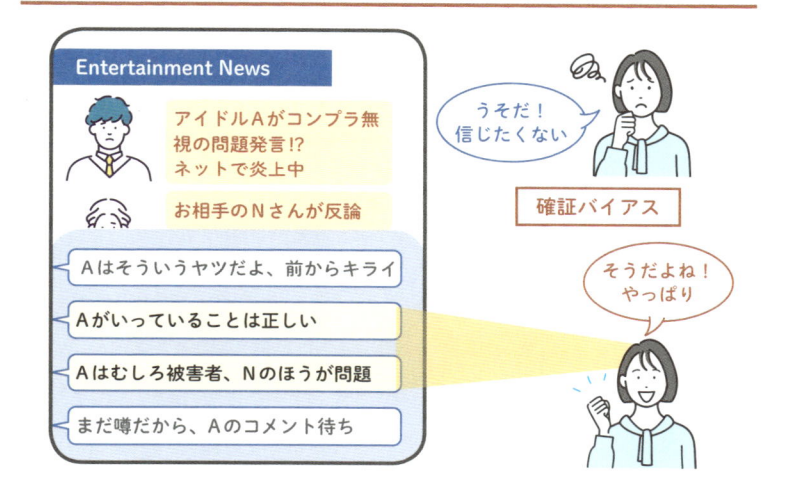

● 確証バイアスにとらわれていないか自問する

あえて反対意見や冷静な第三者の意見を聞くことで、自分が確証バイアスにとらわれていないかを確認することが大切です

まとめ	□ 自分の考え、思いを補強してくれる情報しか目に入らなくなる心の働きが「確証バイアス」 □ 確証バイアスを外して、自分にとって不利な情報も含めて物事を考えることが大切

特殊詐欺にあうのは高齢者、
だから自分は大丈夫？

▶ 脳がすぐ思いつく代表的なイメージで判断しがち

結婚式に出席した人から、2人のなれそめを「お医者さんと看護師さん」と聞いたら、多くの人は男性が医師、女性が看護師だと思うでしょう。実際は職業が男女逆でもなんの不思議はありません。人は、**一定の事象について与えられた情報から自分にとって代表的なイメージ**を思い浮かべ、それによって**判断を間違える**ことがあります。ギャンブラーの誤謬（82ページ）で登場した代表制ヒューリスティックによる「**代表性バイアス**」です。

▶ 代表性バイアスは間違いのもとで、だまされやすくなる

Part 2で登場したステレオタイプ（58〜61ページ）は、人に対する代表性バイアスです。人以外に、もの・ことについても起こります。ピンク色のバッグなら女性向けと思ったり、ゆっくり走る車のドライバーは初心者か高齢者だろう、行列ができていたら先には人気の店があるだろうと人は直感でほぼ確信します。

すると、**悪意の入り込む心の隙間にもなります**。特殊詐欺にあう人は高齢者が代表的なイメージですが、手口は日々進化していて、若者もだまされるケースが増えています。マーケティングにも利用されており、いかにも職人のような白髪の店員が立つ店は、熟練の技を期待させますが、実は容貌で雇われた新人ということがあります。

まず、自分のもつ代表性バイアスを疑うことが大切です。そういうものというイメージに縛られることなく、個々の**事実を確かめてから、評価、判断をくだす**ようにしましょう。

▶ 人はすぐ思いつく代表的なイメージで判断する

▶ 間違った思い込みではないかを疑う

	□ 人は自分のもつ代表的なイメージによって、間違った判断をしてしまいがち
まとめ	□ 失敗を避けるには、代表性バイアスをいったん捨て、事実を確かめて判断する

#利用可能性ヒューリスティック

探せばもっといい結婚相手が
いたかも？

▶ 脳内でアクセスしやすい情報で判断してしまう

「どこかいい店ない？」と聞かれたら、自分の知っている範囲で頭に浮かんだお店からいくつか選んで答えるでしょう。このように、人は**パッと思い出せる情報に沿って物事を進める**ことが多くあります。これも速い思考のひとつで、直近の記憶など脳から取り出しやすい（利用可能性が高い）情報に基づいて決断するため「**利用可能性ヒューリスティック**」といいます。

▶ 思いつくだけでなく、情報を深掘りしてから決断する

高価な買い物や、人生で重要な決断を下すときも、私たちは記憶の利用可能性に影響されています。例えば、住まいを選ぶときも、すべての街や駅を検討するわけではありません。聞いたことのある地名、駅から選ぶのではないでしょうか。就職や転職先として候補に考える会社もそうです。もっといえば、人生のパートナーを選ぶときも、知っている範囲の人から選んでいます。

利用可能性ヒューリスティックは、人が限られた場所や時間で人生を選ぶために役立つ面もあります。一方で、**よく検討すれば、もっとよい選択ができた可能性を捨てている**場合もあります（結婚もそうかもしれません）。消費行動では、比較サイトや多くのレビューを参考にし、社会的証明（40ページ）の罠に注意して検討しましょう。住まいや仕事選び、結婚は、相性によるのでやってみなければわからない部分はあります。十分に調べて考えて決断したら実践あるのみ。それでも失敗したら、教訓として軌道修正するのも人生です。

● 利用可能性ヒューリスティック＝すぐ思いつくこと

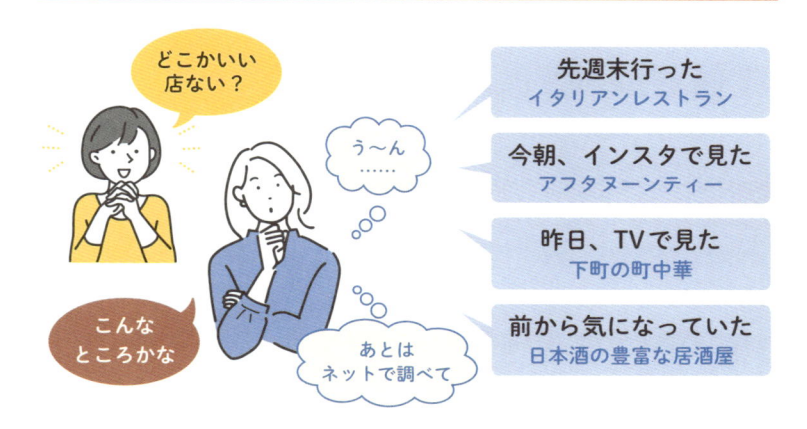

● 十分に調べて決断したら、あとは実践あるのみ

人が限られた場所や時間で人生を選ぶために役立つ。十分に調べて考えて決断したら実践あるのみ。失敗したら教訓として、やり直しもあり

まとめ	☐ 人は脳がすぐ思いつく情報にもとづいて判断する「利用可能性ヒューリスティック」がある ☐ 人生で大切な決断は、十分な情報を集めて検討した後、実践と再挑戦の繰り返し

安全運転したいなら、家族の写真をキーに貼る

● カレーの匂いをかぐとカレーを食べたくなる

朝の情報番組でおいしいパスタの店を見た日のランチには、パスタを選んでしまうということはありませんか？　私たちは、**事前に与えられた刺激や情報の影響を受けて行動しがち**です。このことを「**プライミング効果**」といいます。プライミングとは「起爆薬・点火剤」という意味です。帰り道でカレーの匂いをかぐと、夕食にカレーを期待してしまうのも、ありがちな話ですね。

● スポーツやビジネスにも応用できる

プライミングは、その後の**行動をよい方向にもわるい方向にも導く**ことができます。例えば、通勤中に自動車事故を見た日は、いつもより運転が慎重になるでしょう。反対に、レース中継を見たあとは妙にカーブを速く走りたくなるというのはわるい方向に働いています。

よいプライミングは、**パフォーマンスの向上に**役立ちます。スポーツの試合や仕事のプレゼンの前には、すでに成功している自分をイメージするとよい結果につながります。失敗をイメージすると、その通り実力を出しきれない結果になることが多いのです。

うまく使うと、自分を含む**人の決断を望む方向に動かす**ことができます。例えば、友人の家を訪ねるとき、お茶を飲みたければお菓子を、お酒を飲みたければ酒の肴を手土産に持って行きましょう。自分の運転が荒くなっていると感じたら、車のキーに家族の写真を貼りましょう。キーを見るたびに写真がプライミングとなり、家族の場所まで安全に帰ろうと無意識に運転が慎重になります。

● ▶ 直前の刺激に認知が影響される

● プライミングで人の決断を動かす

まとめ	□ 直前に受けた刺激や情報が、後の行動に影響することを「プライミング効果」という □ よいプライミングは自分の行動に役立つが、他人にプライミングされていないかと考えてみることも大切

#グループシンク

みんなが残業していると、自分も残ってしまう

● 群れでリスクを避けるための本能的な心理

　定時で帰ろうとしても、ほかの人が仕事をしていると、1人で「おつかれさまです」と切り出すのには勇気がいりますよね。私たちは集団のなかにいると、なにかの行動を起こす際、**周囲の動きを確かめて**しまいます。そして、**周りに合わせてしまう心理を「グループシンク＝集団思考」**といいます。人間も群れで生きる動物のため、異質な行動をとると排除されたり、外敵に狙われたりするリスクを考えてしまうのです。グループシンクも速い思考で、集団に合わせていれば考えなくていいという脳の省エネです。だから、新卒社員がスーツを買うとき、みんな黒だからと黒を選んでしまうわけです。

● 組織で同じ方向を向くより、いまは多様性が必要

　グループシンクは同じ教育を受けている、同じ会社に勤めているなど、**社会的なバックグラウンドが近い人の集団**ほど起こりやすくなります。メンバーが自然と同じ考え方をするようになり、異論が出にくくなります。これが極端に進むと、黒も白というカルトになります。

　いわゆるJTC（伝統的な日本企業）はその傾向がありましたが、グローバル化が進み、個人を尊重するように変わってきました。異論が出にくい組織はイノベーションが起こりにくくなり、時代に取り残されてしまうため、現代の職場は多様性が尊重されます。そこでは、**集団に任せず、自分の頭で考えて判断することが大切**です。合理的と判断したら、気後れせずに早く帰りましょう。それができない組織なら、早く抜けたほうがあなたにとって賢い選択です。

◉ つい周りに合わせて行動してしまう

◉ イノベーションには多様性が求められる

まとめ	☐ 周囲に合わせようとするグループシンクは、本能に根ざしたもので行動に強く影響する ☐ 集団の決断が正しいとは限らない。脳を甘やかさずいつも自分の頭で判断することが大切

非常ベルが鳴っても、ふだんどおりに生活する

▶ 非常時にも「たぶん大丈夫だろう」と避難しない

　非常ベルが鳴っても、本当に火災が発生していることはまれなので、多くの人は「誤作動か訓練だろう」と落ち着いています。人には、非常時にもふだんどおりに行動するという「**正常性バイアス**」があります。そのせいで2010年以降でも、地震、津波、大雨などで、多くの命が逃げ遅れて失われたことは記憶に新しいところです。それでも緊急地震速報を、遠い場所のことと思ってしまいがちです。

▶ 正常性バイアスは身を守り、かつ滅ぼす諸刃の剣

　正常性バイアスは本来、**極限状態においてストレスから身を守るための脳の働き**と考えられています。いままさに戦争中の国や紛争地帯でも、ニュースでは人々が平静に暮らしているように見えるのは、生き延びるのに正常性バイアスに支配されているためです。しかし、**本当に危険が発生したときは、命に直結する諸刃の剣**です。

　差し迫った危険のみならず、時間をおいてくる危険もあります。新型コロナウイルスも当初は「まさか自分はかからないだろう」と誰もが思っていました。いまインフルエンザにかかって「うつすことはないだろう」と出社する人は、周囲の他人を危険にさらしています。

　正常性バイアスは、ビジネスの判断を誤らせます。品質検査で気になる点を見逃してリコール事案になる、前例どおり不正をしたら摘発された、などは組織にとって致命的です。個人の生活でも、お金や恋愛で「これまで大丈夫だったから大丈夫だろう」は身の破滅を招きます。**危機管理の第一歩は正常性バイアスを外すことです。**

● 「たぶん大丈夫だろう」はいつも大丈夫じゃない

火事です
火事です

どうせ誤報か
訓練だろう

火災報知器のベルは訓練だろう
大雨警報でもウチは大丈夫だろう
地震が起きても津波は来ないだろう
熱っぽいがコロナではないだろう
契約書に間違いはないだろう

正常性バイアス

本来は極限状態においてストレスから身を守る
ための脳の働きといわれています

● 正常性バイアスにとらわれていると失敗する

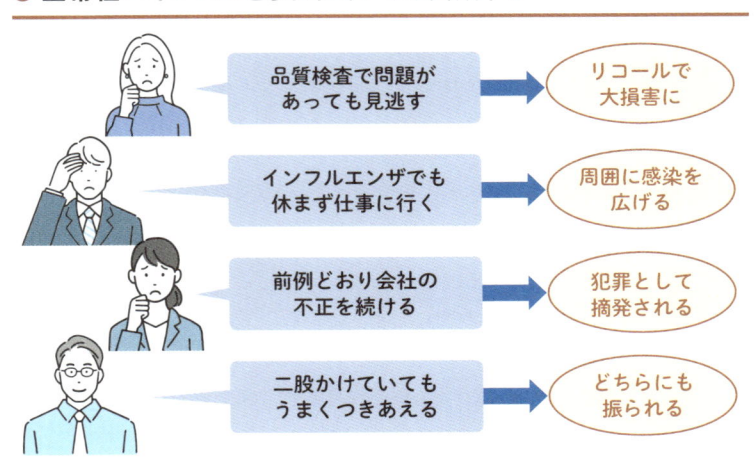

品質検査で問題が あっても見逃す	→	リコールで 大損害に
インフルエンザでも 休まず仕事に行く	→	周囲に感染を 広げる
前例どおり会社の 不正を続ける	→	犯罪として 摘発される
二股かけていても うまくつきあえる	→	どちらにも 振られる

まとめ
□ 災害などの非常時でも、大丈夫だと思い込みふだんどおり行動するのが「正常性バイアス」
□ 正常性バイアスはときに致命的と知り、リスクへの対応を考えておくことが大切

もし職場に働き方改革を推進させたいと思ったら

　Part 4 は決断を促すための行動経済学です。あなたは職場の安全衛生のため、残業時間を減らしたいと考えています。職場の問題意識が低いとき、どう働きかければいいでしょう。

　まず**現状維持バイアス**が大きな抵抗力を持つことを思い出しましょう。その場合、ファーストステップを与えることが大切でした。いつも定時に帰ることが難しいなら、まず週一だけ定時退社を実施するように提案して、うまくいけば日数を増やす、というような段階的な戦略を考える必要があるでしょう。

　説得の際は「職場の9割の人が望んでいる」のように賛成意見が多いことを、望ましい**フレーミング**を使って伝える必要があります。また、過重労働によるうつ病や過労死などのリスクは**正常性バイアス**によって過小評価されているため、労働時間との相関を示し、そのバイアスを外す必要があります。

　みんなが残業しているから帰りにくいという**グループシンク**ですが、逆にみんなが早く帰れば早く帰るというプラス方向にも働きます。あなたがリーダー的なポジションにいるなら、率先して定時に帰ることはよい**プライミング**となり、メンバーの行動を変えることができるでしょう。

　また、管理者にとって労働時間の短縮はデメリットとは考えさせないような**リフレーミング**も大切です。例えば、人件費や光熱費の削減、管理職の負担軽減になること、また、よい労働環境は社員の定着率向上や優秀な人材採用に結びつくこともアピールするようにします。

Part

5

充実した人生にできる

幸せのために
使える行動経済学

レジ袋をもらえないから、マイバッグがふつうに

● わざわざ考えてまで初期設定を変えない

ハンバーガー店のセットメニューは、ポテトとの組み合わせが基本です。希望に応じサラダやナゲットが選べるとしても、大多数はそのまま注文してしまいます。栄養バランスを考えるとサラダがいいはずですが……。私たちは、ほかの選択肢がよほど魅力的な場合は別として、推奨された**初期設定（デフォルト）を変えようとしない**のです。これを「**デフォルト効果**」といいます。

● 政策にうまく活用すれば、社会をよりよくできる

その理由は現状維持バイアス（90ページ）が働くためです。ネットショップで注文のとき「お店からのお得なメールを受け取る」にチェックが入っているのも、サブスク契約が1年ごとの自動更新になっているのもデフォルト。後からメール配信や自動更新を解除するのが面倒になることまで考えたマーケティングです。

デフォルト効果は、**うまく使えば人々の行動変容を促す**ことができます。レジ袋が有料となりマイバッグを使う人が増えましたが、節約志向やエコ意識だけなく、スーパーやコンビニで「レジ袋を渡さない」がデフォルトになったことが大きいと考えられます。

有名な例は、各国の臓器提供の意思表示です。「提供する」をデフォルトとした国（オプトアウト方式）では同意率はほぼ100％に近くなっています。このように、国や行政でデフォルトをどう設定するかで、**人々の望ましい行動を促し、より多くの人が幸せになる**社会にも誘導していくことができるのです。

◑ よほど魅力的な選択肢でない限りは変えない

◑ うまく使えば人々の行動変容を促す

まとめ	☐ 人は最初に提示された選択肢を、わざわざ考えてまで変えようとしない ☐ 国や行政でよい初期設定をすることで、社会を望ましい方向に変えることもできる

認知的不協和

自分のなかの不協和音は
変化のきっかけになる

▶ 何か違和感を感じさせるのがCM

　元祖カップラーメンのメーカーのCMは、いつも斬新な発想で新作が注目されます。食品なら「おいしい」とか「健康にいい」を本来は伝えたいはずで、消費者は安全・安心感を期待するでしょう。ところが、派手な色や芸人を使った、シュールなコラージュやサンプリング映像など、**本来とは矛盾した要素をあえて商品PRに使っている**ところに注目される理由があります。

▶ 考え方を変えるか、行動を変えるか

　人のなかで**矛盾する認知（考え方や態度、行動）が共存すること**を心理学で「**認知的不協和**」といいます。認知的不協和があると、人はそれをストレスに感じ、解決のために行動をしたり、考え方のほうを改めたりするのです。CMの例でいえば、気になるので購入するか、その仕掛けには乗らないと考えるかです。

　認知的不協和がもたらすストレスは、行動あるいは思考の変化を通じて、個人の人生にプラスにもマイナスにも働きます。「ダイエットしたいけど食べてしまう」もまた、認知的不協和の典型。このとき、帰宅時にはコンビニに寄らないなどの積極的な行動によって認知的不協和を解決することもできれば、「今日だけはごほうび」と考え方を変えて解決が図られることもあります。

　このように、行動と思考、どちらが前向きな解決になるかはケースバイケースです。上手に、自分にとってよい方向に変われるように認知的不協和を活用しましょう。

● 認知が矛盾することの不快は記憶に残る

違和感が注目を引き寄せる

● 認知的不協和は行動を変えるチャンス

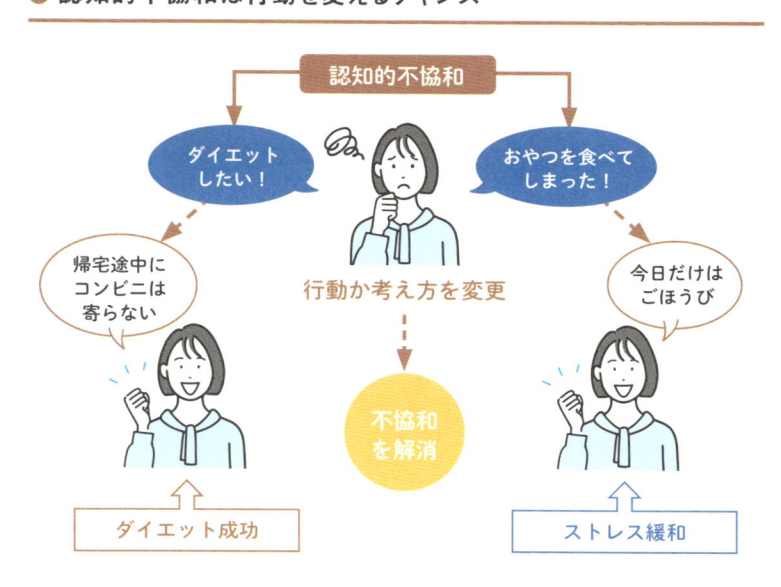

まとめ	☐ 人は矛盾する認知があると不快に感じて記憶に残りやすいため、マーケティングに利用される ☐ 認知的不協和を解決する方法は1つではなく、行動を変えることでも解決できる

「どんな色でも選べます」が逆にうれしくないわけ

● 選択肢が多すぎても、人は幸せに感じない

　世の中には「選べる幸せ」を売りにした商品が多くあります。服やバッグでも、素材や色、デザインを選べるとうれしいですよね。しかし、素材が20種類、色が50種類、柄が30種類もあったらどうでしょう。選ぶのに悩みますし、何が欲しいかわからなくもなります。このように、**選択肢が多すぎても不満に感じる**ことを「**選択のパラドックス**」といいます。

● 選ばなかったほうの幸せを考えるストレス

　選択肢が多すぎると、脳が遅い思考（140ページ）になってエネルギーを使います。決断しても、ほかの選択肢が目に入ると「自分はベストな選択ができているのか」が不安になります。例えば、よく選んで買ったマンションの部屋でも、もっと高層階なら、南向きなら、と選ばなかった選択肢がよく思えてきてしまうのです。

　人は、**選べなかった道と比べてしまうことがストレス**になります。選択肢が多い東京より、少ない沖縄のほうが幸福度は高く、2013年に幸福度で世界8位だった「幸せの国」ブータンは、スマホの普及で他国の生活がわかると、6年で95位まで急落しました。

　選択のパラドックスを前提に、提供側は顧客によけいな頭を使わせないよう、主要な選択肢を4つくらいに絞りましょう。価格でランクを分けて示すのも決断を助けます。選択する側としては、よく吟味して決めたら、選ばなかった選択肢についてはもう考えないことです。これに勝る幸せはありません。

● 選択肢が多すぎてもうれしく感じない

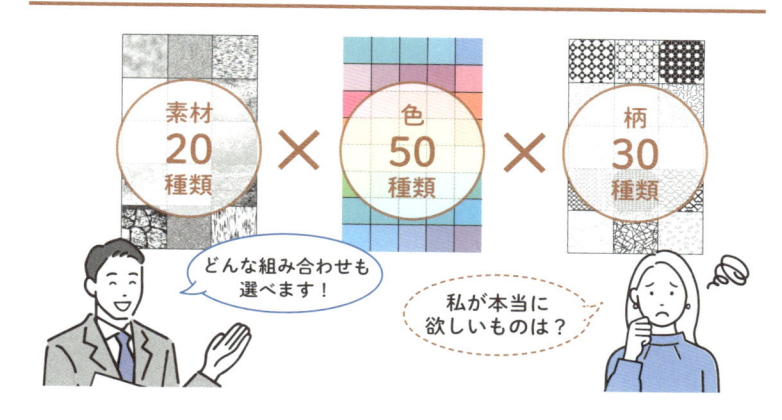

● 選ばなかった選択肢は気にしない

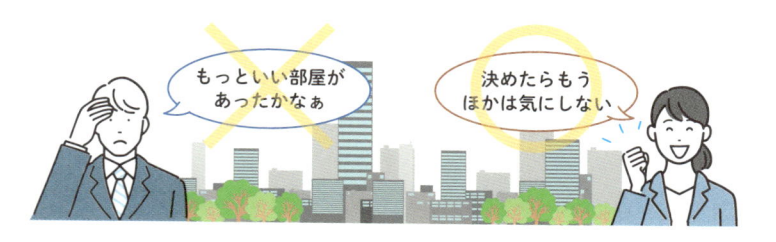

● 決断しやすいように選択肢を絞る

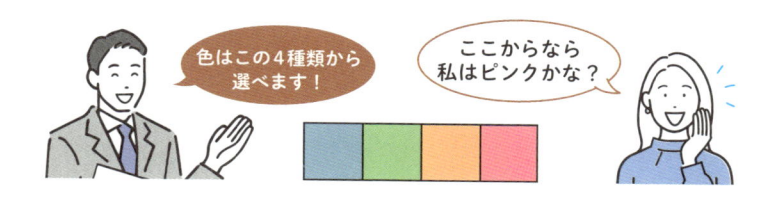

まとめ	□ 選択肢が多いほど最適な選択ができたかが気になり、幸福度が下がる □ いったん選択したら、ほかの選択肢のことは考えないのがストレスを感じない心得

#エイジング・パラドックス

幸せなときが増えるなら、年をとるのも悪くない

●「老いる＝不幸」という考えは事実でない

　「年をとる」ことは、たいていの人はネガティブに捉えるでしょう。体力、脳機能ともに低下して、できないことも増えていきます。ただ意外なことに、高齢者自身は、年をとることを不幸と感じていないことが、さまざまな調査によりわかっています。加齢で不能、喪失が増えていっても、心理的な**幸福度は下がらず、増していく**のです。これを「**エイジングパラドックス**」といいます。

● 若いから幸せとは限らず、年齢と幸福度は関係ない

　その理由には諸説ありますが、人生が有限と自覚すると、自分にとって有意義なもの、幸せに感じるものに興味を集約させるという「社会情動的選択性理論」が代表的です。若いうちは自分に何ができるか判断できず、無数の可能性を前に選択のパラドックスを感じやすいですが、高齢になるとその選択が済んで、培ってきた人間関係など**自分の持つ資源を心の満足のために使う**ようになります。するとポジティブな感情を好んで取り入れやすくなるのです。

　ほかにも、心身の機能が衰えてもそれを合理化する認知のしくみが発達するという考え方、理由が逆で、幸福感が高い人ほど長生きしやすいのだという説もあります。

　アンチエイジングは古来より人間の願いですが、高齢者は機能が衰える＝不幸というのは誤った認識で、それを前提に政策や対応を考えると失敗します。「若さ＝幸せ」というフレーミングから脱却すると、**年をとることをポジティブにとらえられる**はずです。

⦿ 若いと選択肢が多くて不安を感じやすい

限られた人間関係や自分の資源を、心の満足のために使うようになる

⦿ 年をとると選んだものから幸せを得ようとする

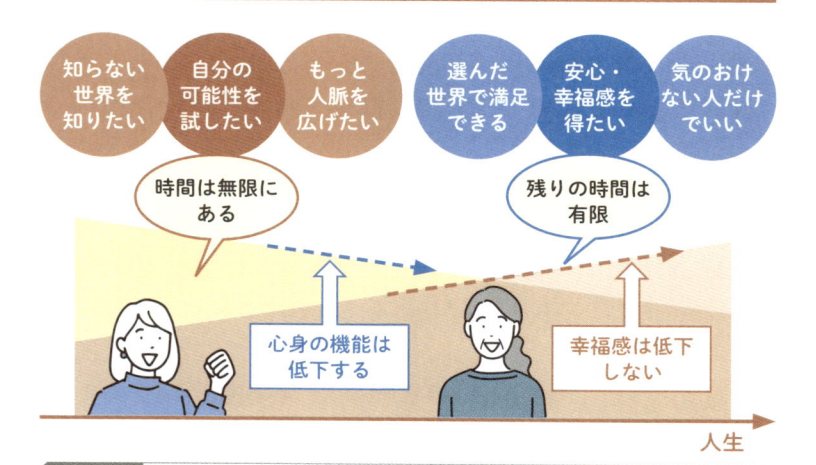

まとめ	□ 年をとって不能や喪失が増えても、高齢者の幸福度は下がらずに増えていく
	□ 若さが幸せではないとフレーミングを変えることで、年をとることにポジティブになる

SNSで見た他人の様子に
嫉妬を感じるのはなぜ?

▶ 幸せアピールのマウンティングは自己愛から

「三つ星レストランでディナーを満喫」「あのブランドのパリ本店でバッグを購入」「人気俳優の○○とお仕事」。SNSで知り合いのこんな投稿を目にすると、もやっとした気持ちになりませんか。幸せを自慢してマウントをとる、他人の幸せアピールに嫉妬する。どちらも私たちに**自己愛**が備わっているからの行動、感情です。誰もが抱いている、周囲の人から評価されたいという「**承認欲求**」は、自己愛から生じます。

▶ 自分のなかに基準を持つと、うまく自己愛とつきあえる

自己愛は「自分は優れている」と異性にアピールし、遺伝子を残すための本能にもとづく心理。生物としてもっとも活発な10代後半から20代前半に強くなります。自己愛があればこそ、自分を大切にします。一方で、他人と比べて優位に立ちたくなり、学歴や年収、容姿などを自慢したり、ひがんだりします。**優れたもの、強いものに惹かれる理由**も同じ。本心から好きではなく、自己愛から恋人の属性やブランドを選ぶと不幸になります。

自己愛は生きていく力でもあり、不幸を感じる理由でもあるため、うまくつきあう必要があります。他人との比較には際限がありません。そこで自分のなかに物差しを持つのです。例えば、マラソンを走るなら、順位やタイムを他人と比べるのではなく、「自分のベストを更新する」という基準に変えれば、マウンティングや嫉妬の感情とは無縁で、自己愛の充足感を得られるでしょう。

● 自己愛からくるマウント行動／もやっと感情

承認欲求 ← 自己愛

幸せアピール

三つ星レストランでディナーを満喫

あのブランドのパリ本店でバッグを購入

人気俳優の○○とお仕事

もやる

嫉妬・ひがみ ← 自己愛

● 優れたもの、強いものに惹かれるのも自己愛

自己愛 →

友だちに自慢できそう

彼氏がお医者さんっていいかも

● 自分のなかに基準となる物差しをもつ

ライバルより速く走る

チームで1番の成績をとる

同世代より高い給料をとる

自分の記録を更新する

自分で最高の仕事をする

成果に合った給料をもらう

まとめ
☐ マウンティングや他人への嫉妬は、生きるための本能である自己愛から起こる
☐ 他人との比較はキリがない。自分のなかに基準をもって高めていくことが幸せへの道

モチベーションを上げるには「自分で決めた」と考える

▶ 自分が好きで選んだ仕事はやる気が出る

バイトでも、好きなショップやブランドで仕事ができたら、うれしくて自分で考えて努力するでしょう。一方、単にお金を稼ぐための仕事だと、能率が上がらず、ケアレスミスをしてしまいがち。この心理は1985年にアメリカの心理学者エドワード・デシらが提唱した「**自己決定理論**」で解明されています。

人は、**行動する理由に納得できると、モチベーションが上がり**ます。その結果、**生産性が上がる**のです。動機があると目標を達成することに幸せを感じ、自律的に行動するようになります。

▶ 仕事の成果だけでなく、自分の幸福度も上がる

これは個人でも組織でも同じです。受験では、偏差値で学校を選ぶより、自分がやりたい学科があるほうが勉強の意欲がわきます。仕事では、自分が立てた企画のほうがやる気になるはずです。

組織は働く人の動機づけをサポートすることが大切ですが、納得するかどうかは個人の考え方しだいです。与えられた仕事でも**自分にとっての目的・やりがいを見つければ、自律的に取り組む**ことができます。たとえ単純な仕事でも、顧客の喜び、社会の利益、自分の成長といった目的が見えれば、進んで行動できます。

人生に大きな時間を占める仕事を、イヤイヤやるか、積極的にやるかで幸福度が変わります。自分のやっている仕事が誰のために、どう役立つのかを考えて取り組むと、仕事の精度も高くなり、自分の幸せにもつながるのです。

● 自分が好きで選んだことはやる気が出る

● 与えられた仕事も自分で動機を見つけると楽しい

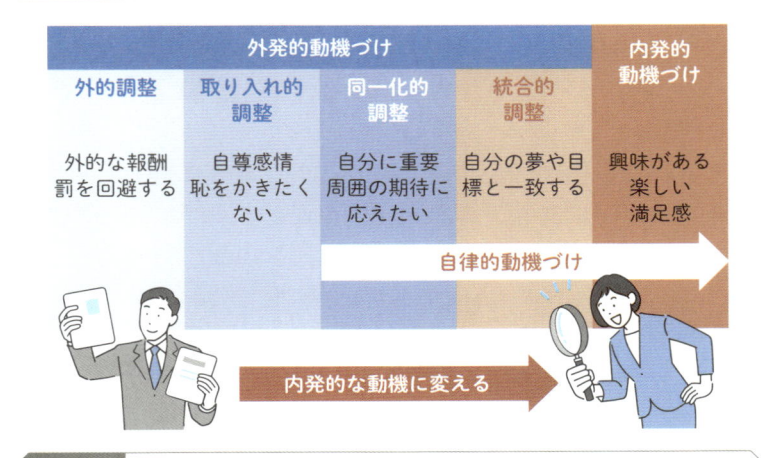

	外発的動機づけ				内発的動機づけ
外的調整	取り入れ的調整	同一化的調整	統合的調整		
外的な報酬罰を回避する	自尊感情恥をかきたくない	自分に重要周囲の期待に応えたい	自分の夢や目標と一致する		興味がある楽しい満足感

自律的動機づけ →

内発的な動機に変える →

まとめ	□ 自分が納得して行うことにはモチベーションが上がり、結果として生産性が上がる □ 人生に大きな部分を占める仕事でやりがいを感じると、個人の幸福度も上がる

117

スポーツや勉強は
仲間とやるほうが成果は上がる

▶ 1人ではモチベーションが上がらない

　健康のための運動は、ジョギングでもなかなか続きません。時間割引で、未来の幸せは実感しにくいためです（72ページ）。思い切って同じスポーツを楽しむ仲間の会に入ると、続けられる確率が高まります。**仲間がいるとモチベーションが上がり、その行動の生産性が上がる**ためで、これを「**ピア効果**」といいます。Peer（ピア）とは英語で仲間、同僚を指す単語です。

▶ モチベーションだけでなく生産性も高まる

　ピア効果はもともと学習教育における理論です。クラスの仲間意識をベースに、**いい意味でのライバルとして切磋琢磨できると、学習効果が高まる**ことがわかっています。ほかの分野でも同じで、例えばマラソンでも1人より集団で走るほうがよい記録が出ます。

　近年はビジネスでもピア効果の活用が進んでいます。チームの目標を設定し、達成したら全員に報奨を与える、同僚同士で相互評価する、勉強会やワークショップを開催するなどです。

　資格取得などの**勉強も、学習会やサークルに入って取り組む**のがおすすめ。学習の進捗確認や、教え合い、励まし合いができ、競争意識が芽生えてモチベーションを保てます。いまはSNSでも目的別のグループがあるので気軽に参加してみましょう。ただしコミュニティの人間関係がストレスになることもあるのでそこは慎重に。

　目標に向かって努力することは、ウェルビーイングを構成する大切な要素で、いくつになっても幸せな人生を送るコツです。

◗ 仲間がいるとモチベーション・生産性が上がる

◗ ビジネスにもピア効果の活用が広がっている

まとめ
□ 1人よりも仲間がいたほうが、ピア効果でモチベーション、生産性ともに上がる
□ 仲間と目標に向かって努力することは、幸せな人生＝ウェルビーイングにもつながる

#ミラーニューロン

ドラマやアニメでも泣く、
人の共感のしくみ

● 他者の感情を自分のことのように感じる力

　ドラマやアニメを見ていて、思わず涙がこぼれた経験は誰しもある
でしょう。人には、喜怒哀楽や痛みなど、**他人の感情や経験を自分
のことのように感じる力＝共感力**があります。誰かに悩みやグチを
聞いてもらい、同じように嘆いたり怒ったりしてもらうだけでホッと
するのも、共感力のおかげです。

● 「三方よし」で人はもっとも幸せを感じる

　共感力を生むのは脳内にある「**ミラーニューロン**」です。「鏡」の
名称をもつこの神経細胞の働きで、私たちは他者の行動を見て、自分
の脳内でも同じ行動を再現し感じることができます。

　共感による感情でも、まるで自分が経験したかのように、脳内では
「幸せホルモン」とよばれるオキシトシンや、心身の活動を高めるア
ドレナリンなど、さまざまな神経物質が分泌されます。とくにオキシ
トシンは、身近な人が喜んでいるのを見ると分泌が増えることがわ
かっています。つまり、**まわりの人が幸せなときに、自分も幸福感が
高まる**のです。

　古来より「三方よし」という商売の知恵があります。売り手、買い
手、世間の誰もが満足する商いという意味で、近年、社会課題を解
決する経済行動の指針として注目されています。フェアトレードや
SDGsも同じ思考です。想像上の人物にも共感できる私たちは、身近
な周囲の人、社会の幸福のために行動することによって、結果的に自
分も幸せになれる動物なのです。

● 他者の体験を自分のことのように感じる共感力

ミラーニューロンの働きで
自分の体験のように感じる

●「三方よし」で誰もが幸福感をアップする

まとめ	□ 他者の感情を自分のことのように共感できるのは、ミラーニューロンという神経細胞の働きによる □ 共感力があるからこそ、人の喜ぶ姿を見て幸せを感じることができる

#ミラーニューロン

共感力はイノベーションを
生む源になる

▶ 共感力は霊長類でも人間に特有の能力

　共感力により他者の痛みを感じられる人間は、困っている仲間を助けたり、コミュニティで助け合おうとする意識が生まれます。同じ霊長類でも、サル山などのサルではこうした行動は見られません。チンパンジーの思考能力を調べる実験でも、因果関係の推測や定量的な判断力は人間同様に見られますが、他者が何を感じるかを推測する能力はほぼ見られないのです。

▶ 共感力が社会にイノベーションを起こす

　共感力こそが、人間が地上で発展できた理由だと考える近年の研究もあります。協力して建物をつくる、インフラ設備を整えるといった仕事ができるのも人間の共感力からで、群れで共感する悩みを解決しながら発展してきたのが文明というわけです。

　新しい価値を生み出す「イノベーション」も共感力と関係しています。まず、**他者の気持ちで課題と解決方法を探す**ことが、イノベーションの種になります。考えたアイデアを言語化して人に伝え、それに**共感した人が協力や支援をすることで実現**します。

　共感力は、他者を観察してまねることで育まれると考えられています。ミラーニューロンと共感力の関係はまだ研究中で、行動の模倣がうまくできない人もおり、個人差があります。

　近年、アメリカの大学ではイノベーション教育として医療現場へ行って、実際の患者の様子を見て共感力を高めるワークショップも実施されています。

● 人間がもつ共感力が文明を発展させてきた

● 他者への共感力がイノベーションの源になる

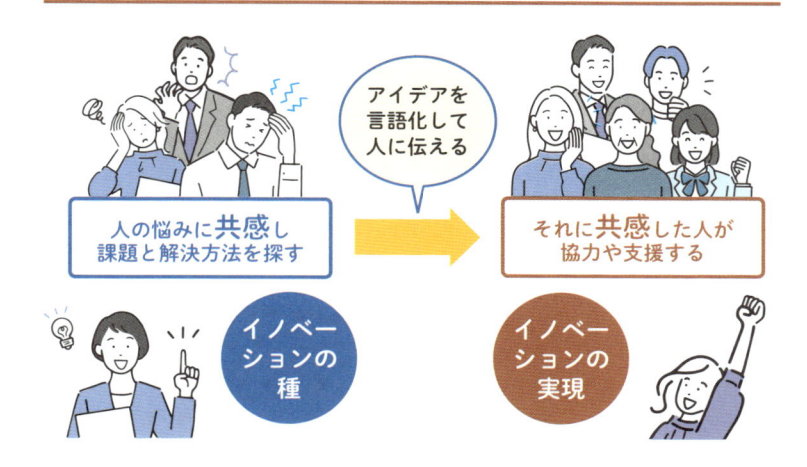

まとめ	□ 共感力は人間に特有の能力で、文明が発達する力となったと考えられる □ 共感力はイノベーションの原動力でもあり、人間の幸せを叶える可能性を広げる

よい占いだけを信じれば、
幸せに近づける

● 気候変動の防止はいまや世界の合言葉に

　地球温暖化の危機は広く知られるようになり、脱炭素やEVシフトなど、現実の経済活動を大きく動かしています。真偽はさておき、よいことでもわるいことでも、予言はその実現を後押しする不思議な力があります。アメリカの社会学者ロバート・K・マートンが提唱した理論で、「**予言の自己成就**」といいます。

● いい予言だけ信じると、実現する確率が高まる

　例えば、ある銀行が危機だという噂が流れ、それを信じた大勢の預金者が払い戻した結果、実際に破綻したという例が実際にあります。**根拠のない噂や思い込みでも、それが起こるという人の信念または期待の結果**、少なくとも部分的には実現するのです。

　この効果は、個人でも同じです。対人関係で登場したラベリング（48ページ）も自己成就的予言のひとつです。人の期待に応えるフィードバックが働くのです。目標を実現するには、自分で自分によい予言を与えることが大切。「資格試験に合格」と書くことも、「投資で1億」と宣言するのも、成就を後押しする力になるのです。

　大切なのは予言の真偽ではなく、**信念や期待がその実現の可能性を高める**ということ。占い師に「いい出会いがあります」といわれて、それを信じて積極的になった結果、恋人ができることがあります。成功や幸せをつかむためには、ポジティブな予言は信じ、ネガティブな予言は気にしないスタンスが大切です。

▶ 予言が人の行動を変えることで一部は実現する

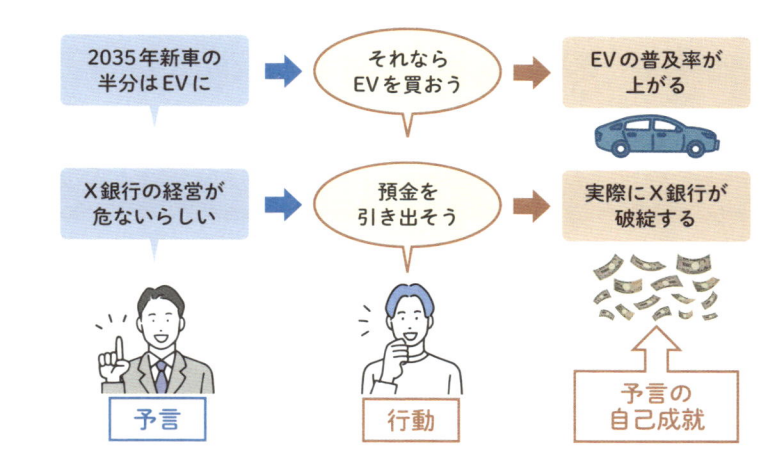

▶ 自分によい予言を与えると成就しやすくなる

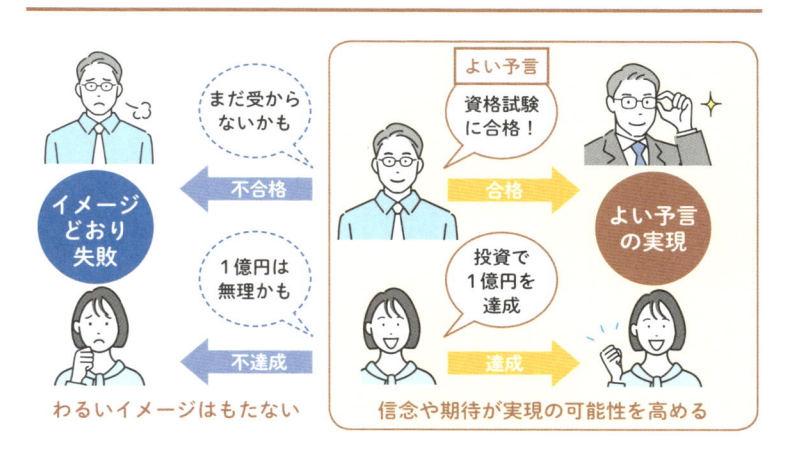

まとめ	□ 予言の真偽にかかわらず、人の信念や期待がそれを実現してしまうことがある □ よい成果を出すためには、自分でよい予言をすること、人のよい予言だけ信じること

#心理的資本　#レジリエンス

どんな困難も何とかなるという 楽観する気持ちが大切

● 目標に向かって継続できる力＝心理的資本

　仕事や勉強を「つらい」「やめたい」と思うときは誰でもあります。それでも何とかなると気持ちを切り替えることができる人が、成功することが知られています。そのために必要なのが「**心理的資本**」です。ビジネスに求められる資本は、人的資本（その人の能力）、関係資本（どれだけの人間関係があるか）、心理的資本の3つといわれます。

● 心理的資本は仕事だけでなく人生も成功に導く

　能力や人脈があっても、気持ちがなければ人は動きません。そこで近年、心理的資本を高めることが重視されています。**心理的資本には4つの要素**があり、頭文字をとって「HERO」とよばれています。
①Hope（希望）：目標に向かって積極的に進んでいく力
②Efficacy（自己効力感）：「自分ならやれる」と思える力
③Resilience（**レジリエンス**）：失敗から回復できるしなやかな強さ
④Optimism（楽観性）：根拠なく成功を信じられる力
　心理的資本を高めると、仕事のやりがい、エンゲージメントを高めて成果を出すだけでなく、人が成長し意義ある人生を送る源になります。なかでも③は、**困難に打ちひしがれても、乗り越えてしなやかに回復する力**で、とくに注目されています。
　心理的資本は生来のものに加え、後天的に獲得することができます。例えば、前節の自己成就的予言は①②④を高めるのに役立ちます。では、③のレジリエンスはどうやって高めればいいのでしょうか。次節で見ていきましょう。

▶ 目標を達成するために求められる3つの資本

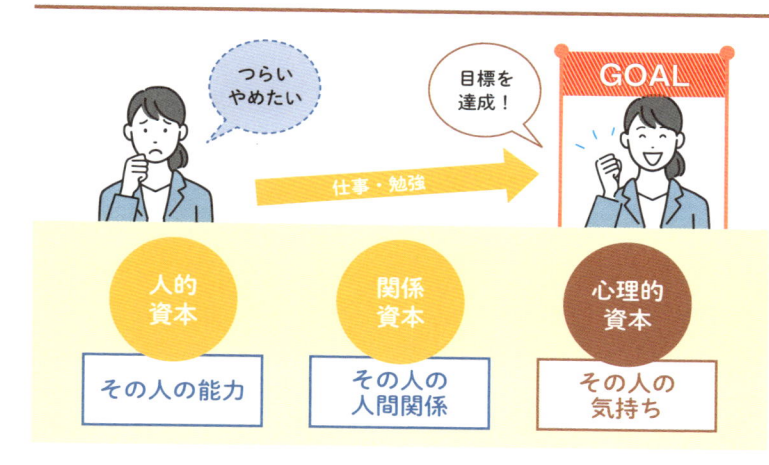

▶ 心理的資本にはHEROの4つの要素がある

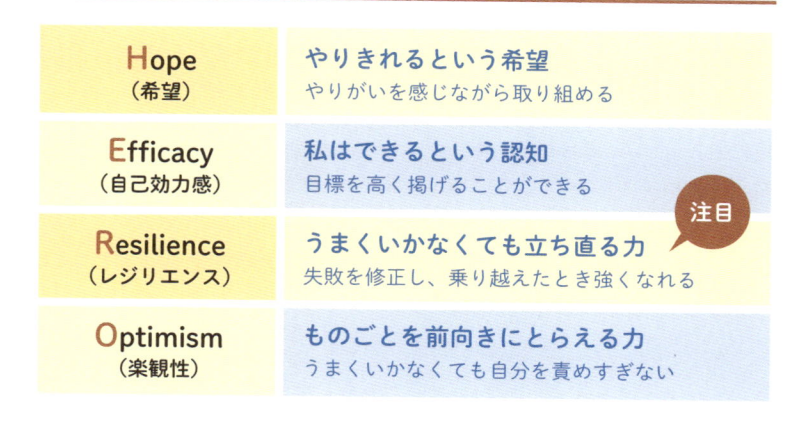

Hope（希望）	やりきれるという希望 やりがいを感じながら取り組める
Efficacy（自己効力感）	私はできるという認知 目標を高く掲げることができる
Resilience（レジリエンス）	うまくいかなくても立ち直る力 失敗を修正し、乗り越えたとき強くなれる 注目
Optimism（楽観性）	ものごとを前向きにとらえる力 うまくいかなくても自分を責めすぎない

まとめ
□ ビジネスを成功させる3要素のうち、心理的資本は最後まで
やり抜くために欠かせない
□ 心理的資本は仕事のやりがいや人間の成長にもつながり、
充実した人生の源になる

失敗で終わらなければ、
いずれ必ず成功する

▶ 失敗は取り返せるという経験が必要

　仕事をしていれば必ず失敗に直面します。すると落ち込んだり、後悔したり、逃げたくなるのが、人として当然の感情です。しかし、そこから立ち直ることが人間の成長を促します。そのために**レジリエンス**（心理的回復力）を高めることが大切です。スポーツの世界では「リバウンドメンタリティ」とも呼ばれます。

　誰でも新人のうちは経験がないので、小さな失敗でも負の感情に支配されがちです。しかし**失敗を重ねるうち「失敗は修正できる」ということを学習**します。レジリエンスを高めるには、失敗を繰り返し体験するしかありません。周囲の人は、失敗の結果でその人を否定せず、次の機会があるという前向きな声がけが大切です。

▶ レジリエンスは「しなやかに回復する力」

　新しい仕事に取り組むときは、「失敗も含めて成長の機会」と考えます。人に仕事を与える場合も同じ。ただし、**大きすぎる挫折はレジリエンスを損なわせる**ため課題のレベルに注意が必要です。

　レジリエンスは「折れない強さ」ではなく「しなやかに曲がり元に戻る」ニュアンスがあります。再び挑戦するために、安全な場所までいったん撤退してもよいのです。そのために信頼できる人間（家族・理解者・専門家）の存在と、土台となる健康・体力も大切です。

　その上にポジティブな思考、小さな成功を積み重ねることで、自己効力感を高めましょう。心理的資本は生まれ持った部分も小さくありませんが、決して努力で身につけられないわけではないのです。

● 小さな失敗を繰り返しレジリエンスを高める

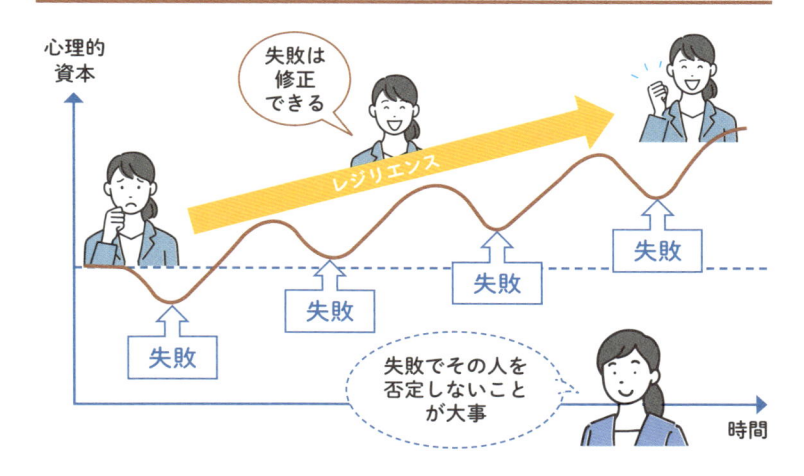

● レジリエンスを高める課題レベルと環境を整える

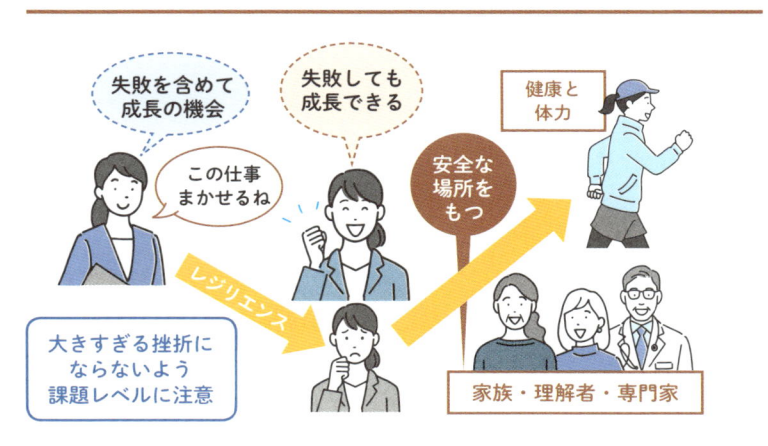

まとめ	□ レジリエンスとは、失敗や挫折から立ち直り、あきらめず目標に向かう心の回復力のこと □ 小さな失敗を多く経験し、失敗は取り戻せるという学習を積み重ねることでレジリエンスは高まる

#ローカスオブコントロール

私の人生は私で決める!
ほうが幸せになれる

◉ 雨が降って濡れたのは誰のせい?

　朝の天気予報で降水確率は20%だったので、傘を持たずに家を出たら土砂降りにあってずぶ濡れ。あなたは「天気予報が悪い」と考えるでしょうか、それとも「折り畳み傘を持って出るべきだった」と考えるでしょうか。これは人生をより幸せに感じるための思考テストです。天気予報のせいと思う人は他責思考、自分の判断ミスと思ったら自責思考の人です。

◉ 人生は自分でコントロールするもの

　自分の行動や人生が誰によって決められているかという感覚を「**ローカスオブコントロール**」(統制の所在) といいます。決定権が自分の外にある人は他責思考で「運命は不条理」と考えます。内部にある人は自責思考で「運命は自分で拓く」と考えます。多くの人は時と場合により2つの思考で揺れ動きます。

　基本的に、**自分の人生は自分が統制していると思えるほうが幸せ**です。失敗や不幸を外部のせいにするのはラクですが、成長もできず、成功はただの棚ぼたにすぎません。ただ、自責思考も強すぎると精神的に追い込まれるリスクには注意です。

　本来なら他責である自然災害でも「運しだい」と考えるか、「いつ起きてもおかしくないから備えておこう」と考えるかで、いざ直面したときの行動も、後の運命も変わります。決めたのはあくまで自分と思えば、人は運命にも納得し、どんな結果でも受け入れてポジティブに生きられます。

● 人生を決めるものが外部にあるか内部にあるか

他責思考 → 外部

ローカスオブコントロール
（統制の所在）

自責思考 → 内部

降水確率は20%
朝、ニュースでいってたのに

朝、判断を間違えた

● 「自分が決めた」と思うほうが幸福度は高い

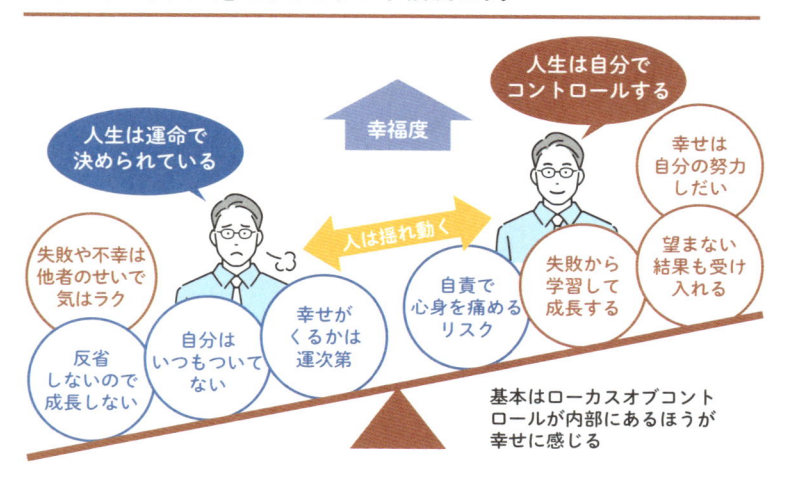

人生は運命で決められている

人生は自分でコントロールする

幸福度

人は揺れ動く

失敗や不幸は他者のせいで気はラク

反省しないので成長しない

自分はいつもついてない

幸せがくるかは運次第

自責で心身を痛めるリスク

失敗から学習して成長する

幸せは自分の努力しだい

望まない結果も受け入れる

基本はローカスオブコントロールが内部にあるほうが幸せに感じる

まとめ	□「ローカスオブコントロール」は、人生を統制しているものが自分の内部にあるか、外部にあるかの感覚 □ 基本的に自分の内にあるほうが幸せに感じるが、自責思考が強すぎると心身を痛めるリスクも

#アンコンシャスバイアス

専業主夫と聞くと、
何かワケがあるのかと思う

● 無意識な偏見は誰の心のなかにもある

いまは人にちょっとした言葉をかけるときも「これってセクハラじゃないか、パワハラじゃないか」と、気をつけなければならない時代です。あからさまに「男なのに」「女のくせに」「いい年をして」などと口に出す人は少なくなりましたが、誰の心にも無意識な偏見は潜んでいます。曰く、「リタイアしてから大学に行く意味ある?」「保育園より母親が育てたほうが子どもは幸せ」「男が家事をするなんて」「お客様は神様なんだよ」などなど……。

● 個々の生き方を制約するバイアスを消していく

このような**無意識の思い込み**を「**アンコンシャスバイアス**」といいます。何歳からでも勉強する価値はあり、保育園の子どもが不幸になる統計はなく、男も女も家事をして、客は対等な人間です。いわれた人を困惑させ、不快にさせるだけでなく、母親を働きにくくし、男が家事をしにくくなるなどの実害を生みます。**不文律のように働き**、社会全体の不利益を温存させます。

無意識な偏見を取り除くことはとても困難です。言葉尻を捉え、なんでもハラスメントと糾弾するのも、人間関係を窮屈にします。内心の自由を圧力で奪う社会が健全ともいえません。

アンコンシャスバイアスは、**個人が生きてきた時代の価値観を色濃く反映**しています。世代が変わることで遠からず消えゆくことも多いでしょう。実害を生むような発言の機会をみて、さりげなく本人の気づきを促すことが現実的な対応です。

● ハラスメントと気づきにくいアンコンシャスバイアス

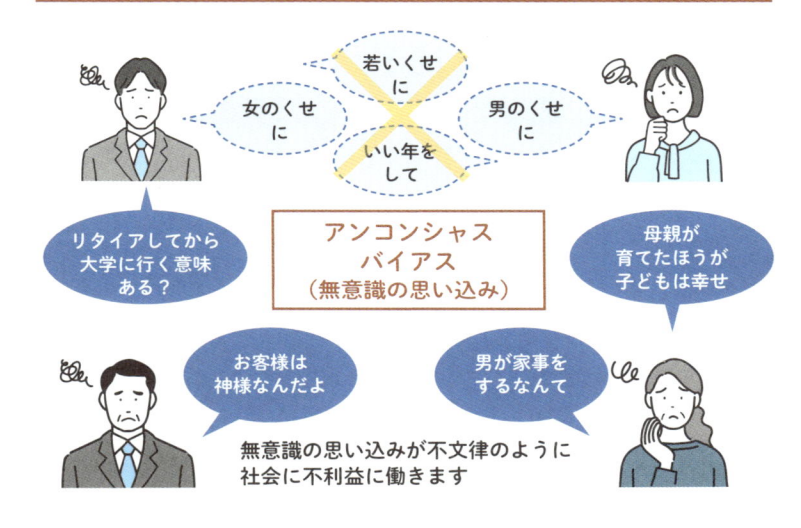

● 実害のある発言の機会をみて気づきを促す

まとめ	□ 誰もが無意識な偏見＝アンコンシャスバイアスを心にもっていることに気づく □ 自分らしい生き方ができる社会をめざす上で、地道にアンコンシャスバイアスを取り払っていく

もし同世代との競争に負けていると感じたら

　Part 5 は幸せのための行動経済学です。あなたは仕事でがんばっていますが、もっと出世している同期がいます。自分の評価が低いことに、もやもやする感情はどうすればよいでしょうか。

　まず人には生きるために**自己愛**があり、そこから生じる承認欲求は自然なものです。それが、社会的地位によるマウント合戦や嫉妬の感情になるとストレスを感じ、幸せとはいえません。評価の基準を外部に置く限りこれは続きます。仕事で何を成し遂げ、どう社会に役立っているか、自分の内部に価値基準をもつことで、他人と比べることなく自己肯定感を高められます。

　ローカスオブコントロールを意識して、運命を決めるのは自分だという人生の統制感を持ちましょう。たとえ失敗や不遇にあっても、自分で選んだ結果だと捉えることができるなら、それを糧にして**レジリエンス**を高め、立ち直ることができます。

　まだ人生の目標が定まらず、仮に与えられた仕事や場所であっても、**自己決定理論**によって、自分の内発的なモチベーションに変えていくことが、幸せを感じるためには大切です。人生の目標が定まった人は、**予言の自己成就**の効果を利用し、自分でよい予言を与えることで成長のバネにするとよいでしょう。選んだ道で努力するには、共通の目的をもつ仲間をつくると、**ピア効果**でよりモチベーションが上がります。

　若いうちは人生の選択肢が多く思えるため、**選択のパラドックス**から幸せを感じにくいことも思い出しましょう。他人を見て焦るのは、あなたの目の前に無限の選択肢があるからです。

Part

6

処方を知って正しく使う

行動経済学のキホンと
使い方

#ホモ・エコノミカス

「Lサイズのコーヒーを
2人で分けよう」といわれたら?

▶ 一番お得にコーヒーを飲もうと思ったら

　カフェで飲むコーヒーの価格は、量あたりではLサイズがもっとも
お得です。2人で行き、もし価格を最優先するなら、Lサイズを買っ
てシェアするのが経済的ですが、現実にそうする人はいません。カ
フェに行く人は経済性より、その空間でコーヒーの味や香りを楽し
み、リラックスして過ごす時間を優先しているからです。

▶ 経済学における「ホモ・エコノミカス」とは

　ひと昔前の経済学では、人間はすべて必要な知識を十分にもった
うえで、利己的に、合理的に、**自分の利得がもっとも大きくなる**よう
な最善の選択をすると仮定していました。いわば「Lサイズのコー
ヒーを注文して、飲めない分を他人に販売する」ような人です。その
ほうがシンプルで、経済のしくみを分析するのに都合がよいためで
す。こうした人間モデルのことを、いまではちょっと皮肉の意味を込
めて「**ホモ・エコノミカス**」(経済人) と呼びます。

　例えば、ご挨拶でもらったお菓子の詰め合わせはひとりじめし、旅
行しても誰にもお土産は買わない、シャンプーは毎回じっくり商品を
比較して選ぶ、ダイエットや貯金が苦もなくできる……など、**現実に
はめったにいない人間像**なのです。

　実際の人間の行動は、それとはかけ離れています。そうした古典経
済学への批判として、行動経済学は生まれました。経済学で取りこ
ぼしていた人の「心の動き」に着目して、現実の経済行動を決める理
論を研究することにしたのです。

● カフェで飲むコーヒーは経済性では選ばない

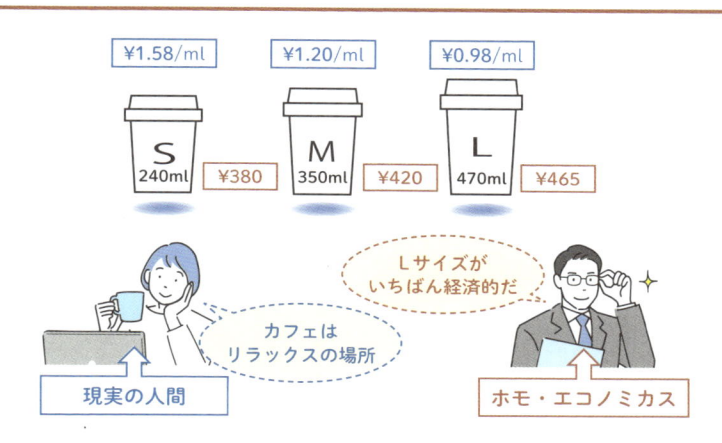

● 経済学に心の動きを取り入れたのが行動経済学

まとめ	□ 経済学では、常に利己的・合理的に行動するホモ・エコノミカスを想定していた □ 現実の人間の経済行動を研究対象にした学問として、行動経済学は生まれた

#ホモ・エコノミカス

安いスーパーを巡っても、
カフェで一息つきたい

● 心があるから、不合理な行動をとってしまう

肥ると思っても間食のお菓子をやめられない。スーパーでは10円でも安く買おうとするのに、疲れたらスタバで700円のフラペチーノを飲む。こんな行動、思い当たるのではないでしょうか？　私たちは、ホモ・エコノミカスのように合理的ではありません。人間には理性だけでなく「感情」があるからです。

● 人間心理を知り、人々を幸せにするのが目的

1970年代から急速に発展した行動経済学は、ホモ・エコノミカスにはない、人間の心に焦点をあてて研究を行っています。簡単にいえば、**経済学に心理学を導入した学問**です。頂きものはおすそわけする、お土産をもらったらお返しする、当たらない宝くじを買う、送料を得するために余計に買う……、行動経済学では、こうした**人間の自然な心理にもとづいた経済行動**を扱います。「人間らしい経済」を探求する学問です。

例えば、10円安いスーパーがあればガソリン代を100円使っても買いに行く。必要なのは1つだけでも割安な2個セットを買う。かと思えば、スマホの高い利用料金を払い続けたり、割高なフェアトレードの商品を買ったりもします。

こういう経済行動の心理を理解すれば、もっと上手なお金の使い方ができるはずです。さらに、知見を社会に活用すると、より役立つビジネスやサービス、政策が生まれるのではないか。そう考えて、いまも行動経済学に関心をもつ人が増えているのです。

�❯ 不合理なことをするのは「心」があるから

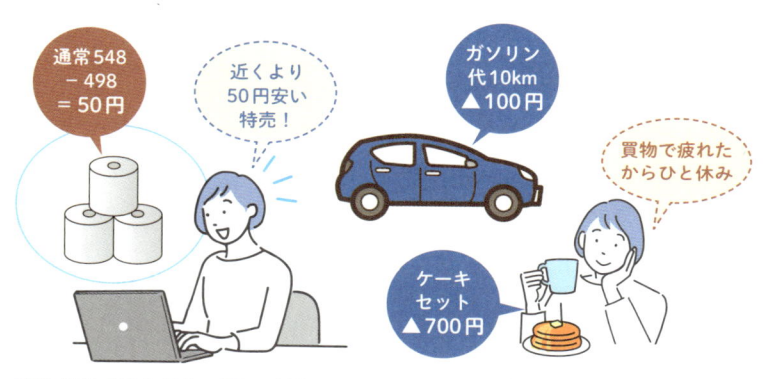

買物だけで考えると、50 − 100 − 700 ＝ ▲750円の赤字ですが、私たちは一連の行動を不合理とは感じずに生活しています

�❯ 経済行動に伴う心理を理解して行動分析に役立てる

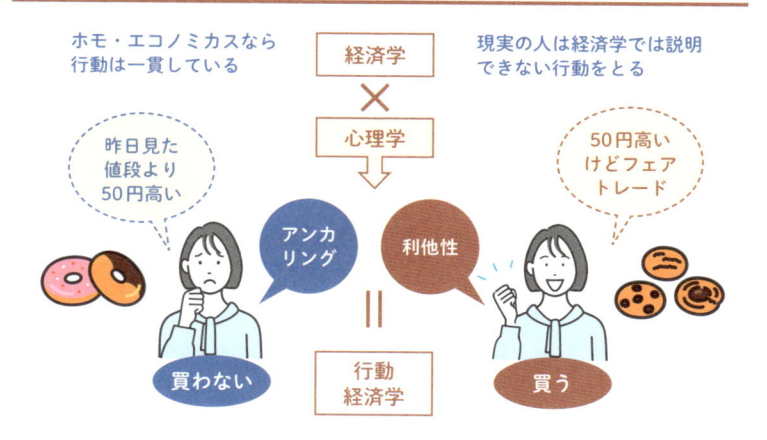

まとめ	□ ホモ・エコノミカスでは省かれていた要素、人間心理を取り入れた研究が行動経済学 □ 人間らしさを取り入れた行動経済学は、社会に役立つビジネス、サービス、政策を生み出すヒントになる

#ファスト＆スロー

いつものランチと特別なデートでは料理の選び方が違う

▶ ホモ・サピエンスの脳はラクをしたがる

ふだんのランチで定食を選ぶときと、本気のデートでフレンチのアラカルトから料理を選ぶときで、考える時間はずいぶん違うはずです。人は、行動を選択するのに思考にかける時間が状況によって異なります。仮想のホモ・エコノミカスと違い、現実の人間が脳に使えるエネルギーと時間は有限だからです。

▶ ファスト（速い）思考とスロー（遅い）思考

人はあるときは直感で瞬時に選択をし、あるときは非常に慎重に時間をかけて考えて選択をします。行動経済学を大きく発展させたダニエル・カーネマンはこれを、人には**「ファスト」「スロー」の2種類の思考がある**と説明しました。

ランチを選ぶときはファスト、デートで料理を選ぶときはスローな思考です。ランチは過去の経験からベスト（いま食べたい！）を瞬時に判断できますが、デートでは、経済性（懐具合）・おいしさ（食べたい）・見栄え（相手の歓心をひく）・食べやすさ（失敗しないか）など、さまざまな事情を総合して決断をくだします。

スーパーで買いものをするとき（新製品を選ぶときは別にして）、私たちは毎回スローな思考はしません。定番の牛乳やパンをさっさと選んでかごに入れます。これは効率的で時間はかかりませんが、ベストな選択がいつもできているとは限りません。いま、かごに入れたティッシュ5箱が明日2割引セールだったとしたら？　**速い思考は、ときに判断を誤る**のです。

◉ 人には「速い思考」と「遅い思考」の2種類がある

今日のランチは
野菜カレーに
しよう

速い思考

速い思考
- ランチでの定食を選ぶ
- スーパーで日用品を買う
- 部屋で着る服を選ぶ
- 毎朝見るTV番組を選ぶ
- 電車で乗るドアを選ぶ

FAST & SLOW

遅い思考

夏休みの旅行の
計画どうしよう

遅い思考
- デートでの料理を選ぶ
- 新築する家の設計を考える
- 結婚式に出る服を選ぶ
- 記念日の贈り物を選ぶ
- 長期の旅行計画を立てる

◉ 行動経済学の祖父と呼ばれるダニエル・カーネマン

ダニエル・カーネマン（1934-2024）

nrkbeta, CC BY-SA 2.0

心理学者／行動経済学者
- プロスペクト理論をエイモス・トベルスキー（1996年に死去）とともに提唱（1979年）
- ヒューリスティックとバイアス
- ピーク・エンドの法則
- ファスト＆スロー
- 2002年にノーベル経済学賞を受賞

まとめ	☐ 人間にはファスト（速い）とスロー（遅い）の2種類の思考がある ☐ 速い思考は経験則で決めるため、必ずしも合理的とはいえない判断になる

腐った食べ物は危険だけど、発酵食品は食べていい

▶ 速い思考をさせるのはヒューリスティック

スカート姿の人は女性だろう、雨が3日続いたからもうやむだろう、通勤時間は渋滞するだろう……私たちは日常的に、無意識に速い思考により判断しています。これらは先入観や経験にもとづいて判断する「**ヒューリスティック**」という手法です。Heuristicは心理学用語で「発見的手法」、平たくいえば「経験則」です。

▶ すばやく判断できるが、正しくない場合も

人はさまざまなヒューリスティックを使っています。まず、**代表性ヒューリスティック**です。本書のステレオタイプ（58ページ）、ギャンブラーの誤謬（82ページ）、アンコンシャスバイアス（132ページ）が相当します。**利用可能性ヒューリスティック**（96ページ）、**アンカリング**（28ページ）と**調整ヒューリスティック**もあります。確証バイアス（92ページ）などもそうです。

ヒューリスティックによる速い思考は、日常の何気ない問題をすばやく解くのに優れています。重要かつ難しい問題を、時間をかけて解くときは遅い思考になります。

食品から変なにおいがすると、私たちは本能と経験から「食べられない」と判断しますが、納豆やチーズのように健康によい食品もあります。**経験則はいつも正しいとは限りません**。とはいえ、遅い思考ができない状況もあります。そんなときは、自分が「ファストかスローかどちらの思考で判断すべきか」と考えるだけでも、誤りを避けられる可能性は高まります。

◉ 速い思考をさせるのがヒューリスティック

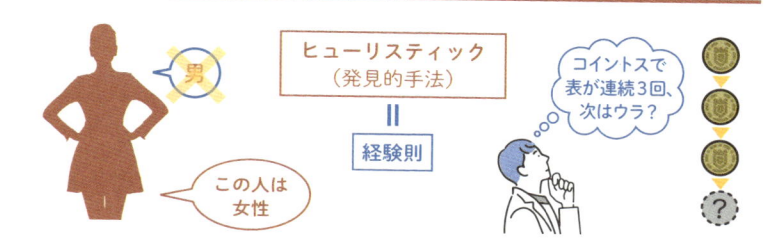

- 代表性ヒューリスティック
  - ・ステレオタイプ
  - ・ギャンブラーの誤謬
  - ・アンコンシャスバイアス
- 利用可能性ヒューリスティック
- アンカリングと調整ヒューリスティック

- フレーミング
- 現状維持バイアス
- 確証バイアス
- グループシンク
- サンクコスト
- 保有効果
  ……

すぐに判断

◉ ファスト/スローどちらで判断すべきかを考える

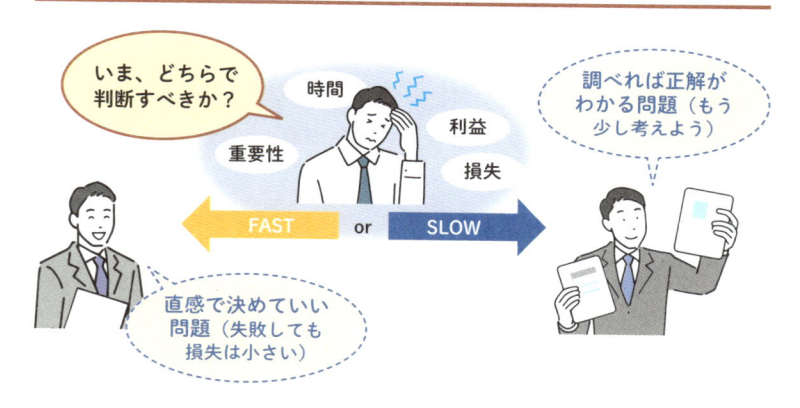

まとめ

☐ 速い思考を生むのがヒューリスティックで、経験則にもとづいて判断する手法
☐ ファストとスローのどちらの思考を上手に使っていくことが大切

#ナッジ

床に足跡のシールがあると、
自然とそこに立って並ぶ

● 人のヒューリスティックを利用するのが「ナッジ」

　人が多くの物事をヒューリスティックで判断しているなら、それを利用して望ましい行動を促すことができるのではないかと考えた人がいます。それが「**ナッジ**」で、アメリカの経済学者リチャード・セイラー（2017年ノーベル経済学賞を受賞）と法学者キャス・サンスティーンが2008年に提唱した理論です。nudgeとは「肘でこづく、軽く促す」という意味で、**さりげなく行動を促すきっかけ**を指します。

● 自然に望ましい行動するきっかけに

　例えば、コロナ禍では密接を避けるように、レジや窓口など行列ができる場所では、床にラインや足跡のステッカーを貼っていましたね。あれがナッジです。人々はそれに合わせて自然に2メートル間隔で並びます。このように、**ルールで強制するのではなく、自発的に行動するきっかけを提供する**手法です。

　公共政策によく導入されています。男性用トイレに「標的」となるハエの絵をつけたら、尿はねが減って清掃費が削減できたという例は、世界的に注目されました。ゴミ箱の2つの投入口に人気サッカー選手の名前を貼り、どちらが好きかという投票形式にしたら吸い殻のポイ捨てが抑止された、などもナッジの好例です。

　いまタバコのパッケージには肺がんリスクの説明が大きく記載されています（汚れた肺の写真を載せる国もあります）。喫煙は個人の自由ですが、医療費抑制のために国が義務化しました。プライミング（98ページ）となり、タバコを控えるナッジになるためです。

● さりげなく人の行動を促すきっかけ「ナッジ」

● ナッジで政策にも寄与したリチャード・セイラー

リチャード・セイラー（1945-）

Bengt Nyman from Vaxholm, Sweden, CC BY 2.0

経済学者

- ●ナッジ理論をキャス・サンスティーンとともに提唱（2008年）
- ●70年代にカーネマン、トベルスキーらと共同研究
- ●選択のアーキテクチャ
- ●リバタリアン・パターナリズム
- ●2017年にノーベル経済学賞を受賞

まとめ	□ ヒューリスティックを利用して、人に望ましい行動をとらせる手法が「ナッジ」 □ 強制しないで自発的な行動のきっかけをつくるところに、ナッジの特徴がある

ナッジを誤解させる使い方「ダークパターン」とは

● ナッジをマーケティングに利用する

　ナッジはすぐ実践できる理論のため、行動経済学のなかでも注目度は高く、企業でもさまざまに利用しています。消費者に**売りたい製品を選ばせるためのマーケティング**のほか、社員の厚生やエンゲージメントを向上するためにです。例えば、「もう1点購入で1,000円引き」とクーポンを表示してまとめ買いをさせる。社員の健康のために、オフィスの階段に「ここまで○kcal」と消費カロリーを表示して階段を使う意識にさせる、食堂のサラダバーを無料にするなどです。

● ナッジを悪用した「ダークパターン」の登場

　ナッジは、必ずしも人々や社会をよい方向に導くために使われません。企業や個人によるナッジは、しかける目的はさまざま。**私利私欲や悪意からナッジを利用する**ことも可能です。

　例えば、ウェブサイトを見ていると、続きを見るには会員登録をするようポップアップが出ることがあります。ほかにも、時間や数量が残りわずかと思わせる、重要な契約内容を小さな文字で書いてわかりにくくする、解約手続きを複雑にする、などの例があります。

　これらはウェブデザインの「**ダークパターン**」と呼ばれ、ユーザーを消費に誘導したり、個人情報を集める意図で使われています。こういったナッジは「Sludge」(スラッジ＝ヘドロ)と呼ばれ区別されています。悪意のある使われ方のせいで、近年ではナッジは本当に正しいのかという議論も出てきています。ノーベル経済学賞という光の反面、影の部分が見えるようになりました。

● マーケティングや社員厚生にも使われるナッジ

● ナッジを悪用した「ダークパターン」の類型

強制 Forced Action 例：会員登録で不要な情報まで入力させる	操作に干渉 Interface Interference 例：都合のよいデフォルトを大きく表示する	しつこい Nagging 例：OKするまでポップアップが消えない	妨害 Obstruction 例：サービス解約の手続きを複雑にする
こっそり Sneaking 例：初回は無料でも、勝手に有料で継続する	社会的証明 Social Proof 例：他ユーザーの情報で判断に影響を与える	緊急 Urgency 例：時間限定のように見せて判断を急がせる	Sludge

出典：OECD (2022), "Dark commercial patterns", OECD Digital Economy Papers, No. 336, OECD Publishing, Paris, https://doi.org/10.1787/44f5e846-en.

まとめ

☐ ナッジはマーケティングや企業の社員厚生の手段としても活用されるようになった

☐ ナッジを悪用して消費に誘導したり、人に不利益をもたらす「ダークパターン」が出現した

臓器提供にほぼ100%同意は、正しい社会なの？

● よいナッジでも価値観の押し付けになる？

　ダークパターンのような悪意からではなく、善意からのナッジにも問題点が指摘されています。正しい答えを決めて誘導するのは**価値観の押し付けではないか**という批判です。

　デフォルト効果（106ページ）で紹介した、臓器提供の意思表示の例を考えてみましょう。「提供する」が初期設定の国では同意率がほぼ100％になりました。しかし、本当に国民みんなが論点を理解し、納得のうえ同意しているのでしょうか。「体を傷つけたくない」とか「宗教上の理由」で望まない人も一定数いるはずです。社会的に移植で命が助かる人が増えるのはよいことですが、一方で個人の心や価値観を抑圧する手法として使われているという意見があるのです。

● ナッジを正しく使う理論はあまり知られていない

　そこで**ナッジの正しい運用法が課題**になっています。前提に欠かせないのが「正しい答え」の議論です。多数が選ぶ答えを調べると同時に、**ナッジされる人に対してすべての選択肢を明らかにする**という意味があります。違う選択肢を知らずに誘導されないためです。

　例えばワークショップを開き、ナッジの対象者で問題について議論し、ナッジの方法も含めて決めるのが望ましいと行動経済学者たちは考えています。ナッジは活用場面が広いため論争となり、活用法や是非が議論されています。ただ、提唱したセイラーらはナッジと切り離せないもうひとつの理論を示しています。次節から、その「選択のアーキテクチャ」について見ていきましょう。

◔「よい」ナッジでも価値観の押し付けになる?

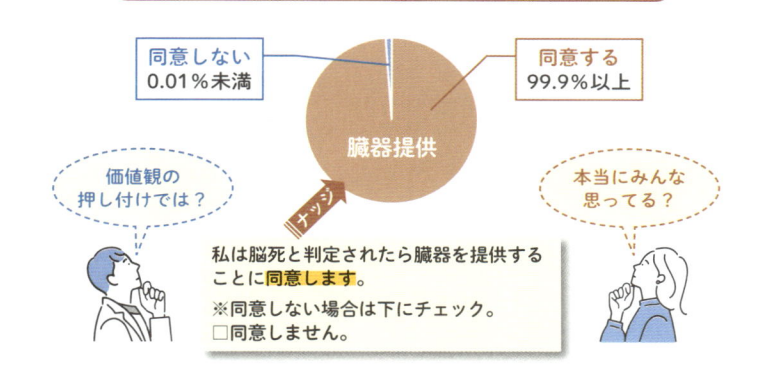

デフォルトが「同意する」の国 (オプトアウト方式)
オーストリア・ハンガリー・フランス・ポルトガルなど

同意しない 0.01％未満
同意する 99.9％以上
臓器提供

価値観の 押し付けでは?

本当にみんな 思ってる?

ナッジ

私は脳死と判定されたら臓器を提供する
ことに同意します。

※同意しない場合は下にチェック。
□同意しません。

◔ ナッジの正しい活用法が議論されている

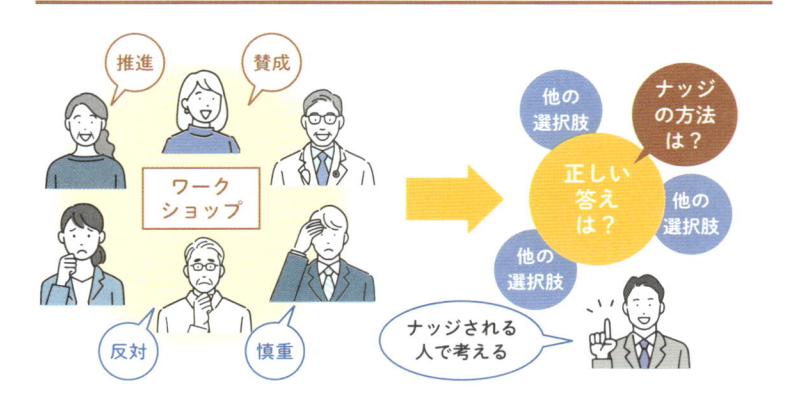

推進　賛成

ワーク ショップ

反対　慎重

他の 選択肢

ナッジ の方法 は?

正しい 答え は?

他の 選択肢

他の 選択肢

ナッジされる 人で考える

まとめ	□ ナッジは価値観の押し付けや、選択の自由を奪うものではないかという批判がある □ 選ぶ人々と議論して「正しい選択」と、適切な手法について合意して実施すべき

ケーキを買うべきか、
カロリー表示で決めさせる

● ナッジに欠かせない「選択のアーキテクチャ」

　ナッジと切り離せない理論が「**選択のアーキテクチャ**」です。アーキテクチャとは「建築」や「設計」といった意味です。

　選択のアーキテクチャは、**人の意思決定が正しく主体的に行われるための設計**のことを意味します。選択肢の提示方法や選択肢そのものが、選択に大きな影響を与えるため、その設計が大切だという考え方です。フレーミング（86ページ）と同じといっていいでしょう。

● 選択の先の未来を示したうえでナッジする

　例えば、コンビニで「スイーツを買うかどうか」の選択で考えてみましょう。糖質や脂質のとりすぎは肥満と成人病のリスクを高めるため、国民の健康と健康保険の抑制に、国はメタボと成人病との相関を示して、とりすぎないように啓蒙しています。

　個人はメリット（甘さ・満足感）とデメリット（肥満・病気のリスク）を知ったうえで、体重や健康診断の結果と相談し、いま自分が食べるべきか考えます。このとき包装に、カロリー・脂質・炭水化物の量が表示されています（＝ナッジ）。数値を見て、買うのをやめるか、ケーキでなく寒天ゼリーを買うかもしれません。このような選択の設計なら、ナッジは価値観の押しつけになりません。

　つまり、**選択の結果が、わかりやすく示されている**ことが大事です。自由意志による決定がもたらす利益と不利益がすべて見通せるようにして、自ら判断できる選択のアーキテクチャを用意します。そのうえで、ナッジするのが本来の使い方なのです。

● 選択結果に影響を与える「選択のアーキテクチャ」

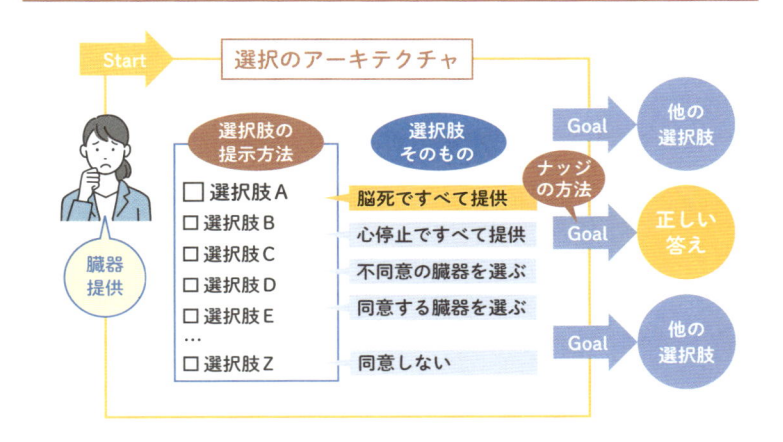

● 選択の先の未来を示したうえでナッジする

まとめ	□「選択のアーキテクチャ」とは、選択結果に影響を与える「選択のさせかた」のこと □ ナッジを正しく使うには、透明性の高い選択のアーキテクチャが欠かせない

#選択のアーキテクチャ

ネタバレして選ばせるのが、
ナッジの正しい使い方

▶「気づかないうちに人を動かしている」は間違い

　行動経済学について書かれたネットの記事や書籍のなかには、ナッジを「気づかないうちに人を動かす」と説明しているものがあります。しかし、これはナッジの提唱者であるセイラーらの意図とも、行動経済学の本来の精神にも反した誤った説明です。対象者をだまして自分の思うままに動かすようなことは、行動経済学がめざすところとは正反対なのです。

▶ 経済行動におけるインフォームドコンセント

　ナッジを使うときは、人の自由意志を妨げない**選択のアーキテクチャを設計する**ことから始まります。そして、「考えるのが面倒」とか「深い考えはない」という**遅い思考を好まない人のために**、大多数がよいと考える選択へとナッジするのです。選ばせる人の意図が明らかで、選ぶ人は「ナッジされている」とわかったうえで、それに従うか従わないかを決められることがもっとも大切です。

　医療に「**インフォームドコンセント**」という考え方があります。医師が患者に十分な情報と選択肢を示したうえで、納得して治療法を選ばせるという意味ですが、その行動経済学版といえるでしょう。タバコの注意書きやケーキの成分表示も、ナッジはしても最後はその製品を手にとる人に決断は委ねられています。

　行動経済学を人をだます道具にする人がいるせいで誤解が生まれていますが、**ナッジを使う前提として、適切な選択のアーキテクチャ**を意思決定者に与えることが必要なのです。

● 納得して選ばせるインフォームドコンセントと同じ

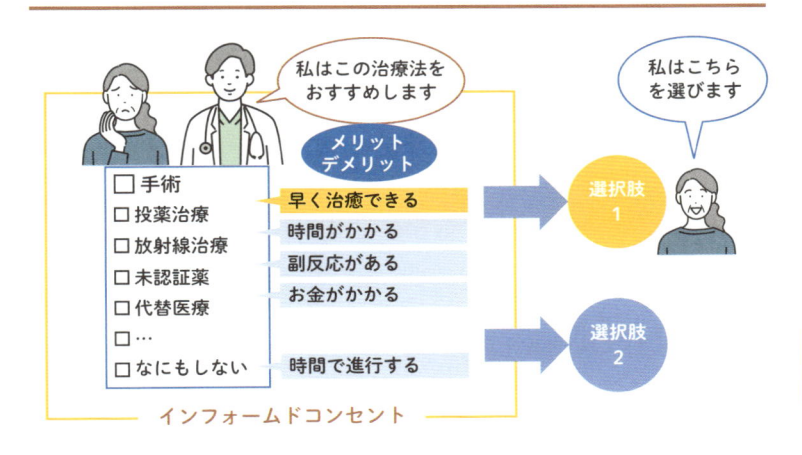

● ナッジとわかったうえで従うかどうかを決められる

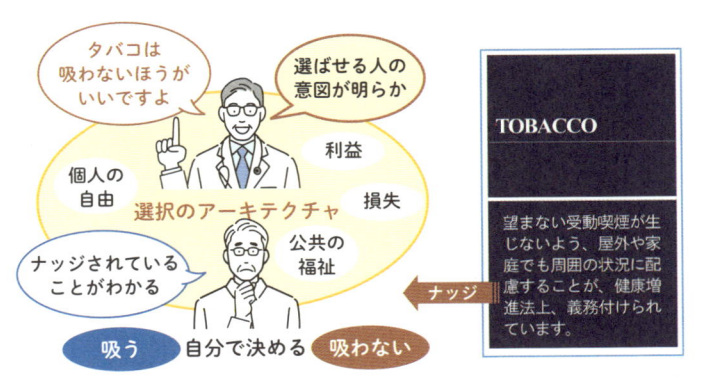

出典：https://www.mof.go.jp/about_mof/councils/fiscal_system_council/
sub-of_tabacco/report/tabakoa20181228.pdf より作成

まとめ	□ ナッジを「気づかないうちに人を動かす」と考えるのは本来の意味とは違う □ 十分な情報と選択肢を示したうえで、あまり考えたくない人に用いるのがナッジ

#行動経済学は死んだ？

「行動経済学は死んだ」の 論争はなぜ起こったか

● 行動経済学には関わらないほうがいい？

2021年、「行動経済学の死」というウェブ記事が掲載されました。論点は2つあり、行動経済学は①**中核的な理論が誤っていて信用できない**、②**実践での介入は驚くほど弱い**というものです。これが大きな議論を巻き起こしました。

①では「損失回避性」には誤りがあり、カーネマンらが研究データを歪曲したと指摘、②ではナッジにほとんど効果がないということを示しています。そして、行動経済学は「ラボの中だけで現実には役に立たない」と切り捨て、「未来はないので関わらないように強くおすすめする」と提言しています。

● マーケティングの現場では効果が出にくい

学問の観点からみて、この主張には妥当性があるといえます。科学は、実験と検証を経て、理論が確立されていきます。ところが行動経済学の理論の一部は、限られた実験で確かめられただけで、ほかの研究者が**追試してみると同じ結果にならない場合が多くあった**のです。条件や環境を変えた場合、効果がないという実証もあります。

そこで「行動経済学は再現性が低い」という評価となり、理論の信頼性が揺らいでいきました。政策やマーケティングのために研究チームなども設けられ、経済学における新しい実践的な理論として効果を期待していたのに、信頼性が高くなかったことに、世の中の失望感が広がったのです。

● 2021年発表の「行動経済学の死」が論争となった

悪い知らせがある
行動経済学は死んだ

Jason Hreha
The Behavioral Scientist

ジェイソン・フレハ

行動科学者
アメリカ最大の小売チェーン、ウォルマート
で行動科学チームのグローバルトップ

出典：Jason Hreha "The Death Of Behavioral Economics"
https://www.thebehavioralscientist.com/articles/
the-death-of-behavioral-economics

● 行動経済学に対して指摘された2つの論点

❶ 損失回避性の欺瞞

- 損失回避性は大きな損失のみに見られるもの
- カーネマンとトベルスキーは研究段階でデータを選別したり歪曲していた
- 現在の証拠は、損失が利益よりも影響力が大きいことを裏づけていない
- 起源のプロスペクト理論があやしいなら、ほかの理論も信用できるだろうか？

❷ ナッジの影響の小ささ

- ナッジの影響力は学術雑誌で平均8.7％だが、2020年にUCバークレー校が行った分析では平均1.4％
- 1％程度では介入の価値がなく、3〜4％の利益を生むほかの案を考えた方がいい

信頼性・再現性が低い

まとめ

□ マーケティング現場では中核理論の再現性が低く、効果もわずかとわかる
□ 近年になり、理論の再現性の低さが学術的にも知られるようになっている

社会を幸せにする学問として
行動経済学は生きる

▶ 社会科学は必ず再現できるものではない

行動経済学が現実問題の解決に必ずしも応えられていないのは事実ですが、それをもって死んだわけはありません。もともと**経済学は社会科学**です。社会のどんな事象もさまざまな要因が絡み合って起こり、説明できるのはその一部だけです。また、**心理学は心の理論を扱う学問**で、人がひとりずつ違う以上、100％予測や再現ができるはずのないものです。

従来の経済学はホモ・エコノミカスという規範的なモデルでした。行動経済学はそこに心理学を取り入れ、「現実の人はこう行動するよね」と説明した記述的なモデルです。そこに実践的な効果を期待されたわけですが、期待が大きすぎたのです。

▶ 人や社会を少しずつ幸せにするために

経済学は本来、社会をよくするための学問ですが、近年では数学的な厳密性や美しさを追求する傾向が強まっていました。そこに登場したのが、改めて**人を主役にした行動経済学**です。

人と社会を扱うからには過信は禁物ですが、役に立たない理論ではありません。社会科学のひとつとして、さまざまな学問の知見と組み合わせて、自分のいる実社会で適用できそうな場所に使っていってください。すぐに劇的な効果はないとしても、この本で行動経済学に触れたことで、少しずつ取り巻く社会がよくなっていったならうれしい限りです。

● もともと高い再現性が期待できるものではない

行動経済学は出自から100%予測や再現できるものではないのです

● 社会科学のひとつとして適用できる場所に使っていく

まとめ	□ 行動経済学は社会科学であり、直接にすぐ大きな効果が表れるものではない □ ほかの学問と組み合わせ、少しずつよりよい社会にするために役立てていけばよい

Index

■ 問い合わせについて

本書の内容に関するご質問は、QRコードからお問い合わせいただくか、下記の宛先までFAXまたは
書面にてお送りください。なお電話によるご質問、および本書に記載されている内容以外の事柄に
関するご質問にはお答えできかねます。あらかじめご了承ください。

〒162-0846
東京都新宿区市谷左内町21-13
株式会社技術評論社　書籍編集部
「60分でわかる! 行動経済学 超入門」質問係
FAX:03-3513-6181

※ご質問の際に記載いただいた個人情報は、ご質問の返答以外の目的には使用いたしません。
　また、ご質問の返答後は速やかに破棄させていただきます。

60分でわかる!
行動経済学 超入門

2024年10月3日　初版　第1刷発行
2024年12月11日　初版　第2刷発行

著者··················中川功一

発行者··················片岡　巌
発行所··················株式会社 技術評論社
　　　　　　　　　　　東京都新宿区市谷左内町 21-13
電話··················03-3513-6150　販売促進部
　　　　　　　　　　　03-3513-6185　書籍編集部
編集··················株式会社 エディポック
担当··················和田　規（技術評論社）
装丁··················菊池　祐（株式会社 ライラック）
本文デザイン···········山本真琴（design.m）
レイアウト・作図······株式会社 エディポック
製本／印刷··········株式会社 シナノ

ISBN978-4-297-14383-1　C0033
Printed in Japan